Los dones perdidos

TRAGEDIA EN LA IGLESIA

COMPILADO Y EDITADO POR **GERALD B. SMITH**

A. W. Tozer

CASA
CREACIÓN
Para vivir la Palabra

Para vivir la Palabra

MANTÉNGANSE ALERTA;
PERMANEZCAN FIRMES EN LA FE;
SEAN VALIENTES Y FUERTES.
—1 CORINTIOS 16:13 (NVI)

Tragedia en la iglesia por A. W. Tozer
Publicado por Casa Creación
Miami, Florida
www.casacreacion.com
©2020 Derechos reservados

ISBN: 978-1-941538-76-0
E-book ISBN: 978-1-941538-77-7

Desarrollo editorial: *Grupo Nivel Uno, Inc.*
Diseño interior: *Grupo Nivel Uno, Inc.*

Publicado originalmente en inglés bajo el título:
Tragedy in the Church
© 1990 por The Moody Institute of Chicago
820 N. LaSalle Blvd., Chicago, IL 60610.
Translated and printed by permission. All rights reserved.

Impreso en Colombia

20 21 22 23 LBS 9 8 7 6 5 4 3 2 1

CONTENIDO

Prefacio. 5

1. La obra eterna de Dios:
   Solo por su Espíritu 7

2. Los dones del Espíritu:
   Una necesidad en la iglesia 19

3. Tragedia en la iglesia:
   Los dones perdidos. .31

4. No hay cristianos de segunda clase:
   La iglesia sigue siendo iglesia 45

5. Una asamblea de santos:
   Unidad en el Espíritu .55

6. El propósito eterno de Dios:
   Cristo, centro de todas las cosas 69

7. El creyente que falla:
   Dios tiene el remedio 81

8. La resurrección de Cristo:
   Más que una fiesta 95

9. Uniformidad cristiana:
   Una respuesta evangélica 105

10. La presencia de Cristo:
    Significado de la comunión 117

11. Nuestra esperanza prometida:
    Seremos transformados 129

12. La Segunda Venida:
    Nuestra bendita esperanza 145

PREFACIO

E n el transcurso de su fructífero ministerio de predicación, el reconocido expositor A. W. Tozer se interesó por las deficiencias espirituales de las congregaciones cristianas.

Su exposición, semana tras semana, siempre mostraba amor, aprecio y preocupación por la iglesia, el verdadero cuerpo de Cristo en la tierra. El patrón de su predicación revelaba un anhelo constante porque cada asamblea de creyentes cristianos enfocara todo su potencial en darle honra a Jesucristo.

Los sermones que exponemos a continuación aparecieron por primera vez compilados como el séptimo volumen de la serie *The Tozer Pulpit*. Volumen que fue el primero en tratar exclusivamente temas relacionados con la iglesia cristiana y la base espiritual de sus variados y continuos ministerios.

Sugerimos que la lectura de los sermones del doctor Tozer no se enfoque en un sentido doctrinal. Su atractivo, capítulo por capítulo, es más devocional e inspiracional que otra cosa.

Los editores

CAPÍTULO 1

LA OBRA ETERNA DE DIOS:

SOLO POR SU ESPÍRITU

Por esto dice:

... y dio dones a los hombres.

Él mismo constituyó a unos, apóstoles; a otros, profetas; a otros, evangelistas; y a otros, pastores y maestros, a fin de capacitar al pueblo de Dios para la obra de servicio, para edificar el cuerpo de Cristo.

—Efesios 4:8, 11-12

La enseñanza bíblica en cuanto a que la obra de Dios, a través de la iglesia, solo puede lograrse con el poder del

Espíritu Santo es muy difícil de aceptar para las personas. Ello es un hecho que frustra nuestro carnal deseo de obtener honra y alabanza, gloria y reconocimiento.

Dios, en esencia, ha sido muy benevolente con nosotros. Pero no hay forma en que él pueda transigir con nuestra carnalidad y nuestro orgullo humano. Es por eso que su Palabra ataca fuertemente al «orgullo carnal», insistiendo en que comprendamos y confesemos que ningún don personal, ningún talento humano, puede realizar la obra suprema y eterna de Dios.

Aunque Dios nos recuerda fielmente que el ministerio del Espíritu Santo es cubrir al obrero cristiano en la obra, la verdadera humildad que él busca entre nosotros sigue siendo con demasiada frecuencia la excepción y no la regla. Bien podríamos confesar que muchos se han convertido a Cristo y que se han incorporado a la iglesia sin renunciar a ese deseo humano de reconocimiento y adulación. Como resultado, algunos han pasado toda su vida en el trabajo religioso haciendo poco más que obtener la gloria para sí mismos.

No obstante la gloria solo puede corresponderle a Dios. Si tomamos la gloria que le pertenece a él, su señorío en la iglesia se frustra.

Con ese antecedente presente, considere lo que realmente hizo Jesucristo. Concedió dones especiales «a fin de capacitar al pueblo de Dios para la obra de servicio, para edificar el cuerpo de Cristo» (4:12). El ministerio que los santos han de hacer —y esta referencia no es solo a los ministros ordenados como los conocemos— traerá la edificación del cuerpo de Cristo «hasta que todos lleguemos a la unidad de la fe y del conocimiento del Hijo de Dios, a un varón perfecto, a la medida de la estatura de la plenitud de Cristo» (4:13 RVR1960).

Faltan algunas cosas

Es bastante común que los que visitan mi iglesia me pregunten sobre algunas de las cosas que no encuentran allí. Quieren saber por qué mi iglesia desaprueba algunas costumbres que son usuales en otros grupos contemporáneos. Me esfuerzo mucho por no hacer comparaciones ásperas con otras iglesias. Si otras congregaciones no cumplen con los altos estándares espirituales que Dios ha establecido en su Palabra, deben responder al Señor de la iglesia. Yo soy responsable ante Dios por la conducción de la obra que él me ha encomendado.

He estudiado las Escrituras con espíritu de oración para determinar cómo puedo acoplarme en el programa de Dios para llevar a cabo su obra eterna. Encuentro tres requisitos básicos que Dios impone al cuerpo de Cristo si va a realizar su obra final: su obra eterna.

Primero, los creyentes y las congregaciones cristianas deben consagrarse por completo, únicamente, a la gloria de Cristo. Eso implica dar la espalda por completo a la insistencia contemporánea en la gloria y el reconocimiento humanos. He hecho todo lo posible para mantener a los «artistas» fuera de mi púlpito. No fui llamado a reconocer a «artistas, intérpretes ni autores». Estoy seguro de que nuestro Señor nunca tuvo la intención de que la iglesia cristiana proporcionara una especie de escenario religioso donde los artistas saludaran con orgullo en busca de reconocimiento personal. Ese no es el camino de Dios hacia una obra eterna. Él nunca ha indicado que la proclamación del evangelio dependa de las actuaciones humanas.

Al contrario, es importante notar cuánto tiene que decir la Biblia sobre la gente común, la gente corriente. La Palabra de Dios habla con tal aprecio de la gente común que me inclino a creer que le son especialmente amados. Jesús siempre estuvo rodeado de gente común. Tenía algunas «estrellas» pero, en gran parte, sus ayudantes pertenecían a la gente común, la gente buena y, seguramente, no siempre la más brillante.

Jesús buscó primero la consagración. En nuestros días es indubitablemente cierto que el Espíritu de Dios usa a aquellos que ya no están interesados en su propia promoción, sino que se consagran a un pensamiento: obtener la gloria para Jesucristo, que es Salvador y Señor.

Somos simplemente instrumentos de Dios

Para agradar a Dios, la persona solo debe ser un instrumento para que Dios la use. Por unos segundos, imagine la variedad de electrodomésticos maravillosos y útiles que tenemos en nuestros hogares. Estos han sido diseñados y construidos para realizar tareas específicas de diferentes tipos. Pero sin la entrada de energía eléctrica, son solo trozos de metal y plástico, incapaces de funcionar y servir. No pueden hacer su trabajo hasta que se aplique el poder de una fuente dinámica externa.

Lo mismo sucede en la obra de Dios, en la iglesia. Mucha gente predica y enseña. Muchos participan en la música. Algunos tratan de administrar la obra de Dios. Pero si el poder del Espíritu de Dios no tiene la libertad de energizar todo lo que esos individuos hacen, podrían quedarse en casa sin hacer nada.

Los dones naturales no son suficientes en la obra de Dios. El poderoso Espíritu de Dios debe tener libertad para animar y avivar con sus variados matices en cuanto a la creatividad y la bendición.

Ha habido en el pasado grandes predicadores que eran solicitados en todo el mundo. Pienso en uno, un contemporáneo, un teólogo reconocido en Nueva Inglaterra. No se le conocía principalmente como predicador de la Biblia. Predicaba sobre temas como la naturaleza y la ciencia, la literatura y la filosofía. Sus libros se vendían al instante y su oratoria desde el púlpito atraía a grandes multitudes. Pero cuando murió, el fundamento de todo el trabajo que lo había mantenido tan ocupado se desmoronó. No le había dado lugar al Espíritu de Dios para que dirigiera todo ese talento y esa energía natural. La obra eterna de Dios no había avanzado.

Sin embargo, podemos recordar que cuando Charles H. Spurgeon y G. Campbell Morgan fallecieron, su trabajo y su influencia prosiguieron. Ambos predicadores reconocidos habían construido sus ministerios de por vida sobre la Palabra de Dios y el poder del Espíritu.

Usted puede darlo por hecho: no importa lo que el hombre haga, no importa cuán exitoso parezca ser en cualquier área, si el Espíritu Santo no es el principal potenciador de su actividad, todo se derrumbará cuando muera.

Quizás la parte más triste de todo eso es que el hombre puede ser honrado en su muerte por sus talentos y habilidades, pero sabrá la verdad en ese gran día cuando nuestro Señor juzgue la obra de cada persona. Aquello que es únicamente su propio trabajo, realizado por su propio talento, será reconocido como nada más que madera, heno y hojarasca.

La importancia de la oración

Un segundo requisito sustancial para que la iglesia creyente sea utilizada en el ministerio de Dios es la oración y la respuesta que Dios da a nuestras oraciones pronunciadas con verdadera fe. Este asunto de la oración realmente tiene que ver con los grandes privilegios de la gente común, los hijos de Dios. No importa cuál sea nuestra estatura o condición, tenemos la autoridad —como familia de Dios— para expresar la oración de fe. La oración de fe compromete a Dios para que conceda las mejores condiciones de vida espiritual y la victoria en él.

Lo que consideramos en cuanto al poder y la eficacia de la oración tiene que ver con la razón de por qué somos parte de una congregación cristiana y qué se esfuerza por ser y hacer esa congregación. Tenemos que considerar si simplemente estamos dando vueltas solamente, como un carrusel religioso. ¿Estamos simplemente agarrados a la crin pintada de un caballo de metal o plástico, repitiendo un insignificante viaje en círculos con un agradable acompañamiento musical?

Algunos pueden pensar que el camino del carrusel religioso es una especie de progreso, pero la familia de Dios sabe qué es lo mejor. Estamos entre los que creen en algo más que celebrar servicios religiosos al mismo ritmo semanal de siempre. Creemos que en una asamblea de creyentes redimidos debe haber respuestas maravillosas a la oración.

Creemos que Dios escucha y realmente responde a nuestra oración en el Espíritu. Una respuesta milagrosa a la oración en el escenario de una congregación hará más para levantar, animar y solidificar al pueblo de Dios que casi cualquier otra cosa. Las respuestas a nuestras oraciones alzarán las caídas manos desanimadas y fortalecerán las débiles rodillas espirituales.

Toda la publicidad que podamos hacer no igualará nunca el interés y la participación en las cosas de Dios como resultado de las respuestas llenas de gracia a las oraciones de fe generadas por el Espíritu Santo.

En realidad, será esa oración y el cumplimiento de las condiciones de Dios lo que nos lleve al tercer requisito si Dios ha de cumplir sus logros ordenados a través de la iglesia. Hablo de la dependencia del cristiano del Espíritu Santo y de nuestra voluntad para ejercitar los dones del Espíritu.

Un tema desbordante

Este es un tema cuantioso, uno que no se agota fácilmente, que nos lleva a considerar la presencia, el poder y las bendiciones de Dios disponibles solo a través del ministerio del Espíritu. Hay muy pocos cristianos perspicaces que discutan el hecho de que la gentil presencia del Espíritu divino siempre es necesaria si queremos ver las maravillas del avivamiento.

Todavía tengo en mis archivos el bosquejo de un antiguo sermón sobre el avivamiento en la iglesia. Prediqué sobre el avivamiento cuando era joven. Pronto descubrí que era fácil predicar sermones de esa clase, pero muy difícil hacer que cobraran vida en la iglesia.

¿Qué quiero decir con «maravillas del avivamiento»? Bueno, encontrará tales maravillas entre el pueblo de Dios cuando alguien en la congregación profundice en una nueva y extraordinaria experiencia espiritual. Simplemente deje que eso le suceda a un joven y verá que el trabajo de la juventud se destacará más que una rutinaria serie de reuniones y conferencias especiales. Lo mismo es ciertamente verdadero para los cristianos mayores. Simplemente deje que una persona dé un paso de fe adelante, reclamando la plenitud del Espíritu, coronando a Jesucristo como Señor y todo el grupo de creyentes sentirá las consecuencias espirituales.

Tenemos que aceptar esto como un principio espiritual, de acuerdo con las promesas de Dios sobre el Espíritu Santo. Esas bendiciones espirituales no se pueden comprar. Una verdadera obra de avivamiento no llega por avión ni por tren. La presencia y la bendición de Dios no se pueden inducir humanamente.

Tales maravillas de avivamiento solo pueden suceder cuando el Espíritu Santo energiza la Palabra de Dios mientras se predica. Las bendiciones genuinas no pueden venir a menos que el Espíritu Santo dé energía, convenza y conmueva al pueblo de Dios.

Ahora, ¿qué suma todo esto? Si buscamos únicamente la gloria de Dios, si solo usamos los recursos de la oración y si somos obedientes al Espíritu de Dios, seguramente habrá una actitud de verdadero gozo en la iglesia de Cristo. Aquellos que me conocen probablemente no piensen en mí como un hombre abrumadoramente alegre. Pero, gracias a Dios, conozco el verdadero gozo del Señor y creo que deberíamos ser un pueblo alegre.

Todos los que somos miembros del cuerpo de Cristo debemos enfrentarnos a la pregunta de si realmente encajamos o no en la descripción de «un pueblo alegre». ¡Cuántos de nosotros acarreamos los problemas familiares y hogareños, en pensamiento y disposición, cuando acudimos a adorar! ¡Cuántos empresarios traen a casa sus problemas semanales los viernes por la noche y los llevan a la iglesia los domingos!

Somos hijos del Rey

¿Y la salud de la familia? ¿Las preocupaciones por los niños? ¿Cuántos de nosotros seguimos cargando con esos problemas y desasosiegos todo el tiempo? No deberíamos hacer eso pero, en caso de que lo hagamos, no seremos un pueblo alegre. ¿Por qué los hijos del Rey van a estar de luto todo el día? ¿Por qué los hijos del Rey van a bajar la cabeza y van a andar arrastrando sus propias cargas?

Estamos perdiendo de vista el objetivo de la victoria cristiana y la vida gozosa en nuestro Salvador. ¡Debemos estar erguidos y alabando a nuestro Dios!

Estoy de acuerdo con el salmista en cuanto a que el gozo del Señor es la fortaleza de su pueblo. Creo que la tristeza del mundo es opacada por la luz del sol espiritual, es decir, lo genuino.

Algunas iglesias entrenan a los que saludan y a los que acomodan a los que llegan para que sonrían, mostrando tantos dientes como sea posible. En lo particular, puedo sentir ese tipo de expresión, de modo que cuando me saluda una persona que sonríe porque ha sido entrenada para ello, me parece que estoy saludando a una foca amaestrada que agita sus aletas cuando ve entrar a alguien. Sin embargo, cuando el calor y el gozo del Espíritu Santo están en una congregación, y la gente es espontáneamente gozosa, el resultado es una maravillosa influencia sobre los demás.

Lo he dicho cientos de veces: la razón por la que tenemos que buscar tantas cosas para animarnos es que no estamos realmente alegres y contentos por dentro. Admito que vivimos en un mundo sombrío y que los asuntos internacionales, las amenazas nucleares, los terremotos y los disturbios hacen que la gente menee la cabeza con desesperación y diga: «¿De qué sirve esforzarse?». Pero somos cristianos, y los cristianos tenemos todo el derecho a ser las personas más felices del mundo. No tenemos que buscar otras fuentes. Miramos la Palabra de Dios y descubrimos cómo podemos conocer al fiel Dios celestial y aprovechar sus recursos.

Otra promesa de Dios es que el Espíritu Santo con sus dones y gracias también hace que florezca un amor genuino los unos por los otros. Estoy decidido a amar a todos, ¡aunque eso me haga mal! He puesto mi corazón en ello. Voy a hacerlo.

A algunas personas no les agrado y lo han dicho. Pero los voy a amar y no van a poder impedirlo.

El amor no es solo un sentimiento. Es *disposición*. Es probable que usted desee amar a la gente. El Señor me dice: «¡Ama a la gente!». Sé muy bien que él no solo quiere que sintamos amor por ellos. Quiere que amemos a los demás con amor profundo.

¿Y qué pasa en cuanto a la simpatía y la compasión?

Sería miope mencionar las cosas benditas que el Espíritu Santo quiere hacer en medio del pueblo de Dios y no agregar simpatía y compasión a la lista. Me atrevo a confiar en que usted simpatiza con sus hermanos cristianos. Espero que nunca escuche o sepa acerca de un compañero cristiano que esté en problemas o que esté pasando por pruebas sin que usted sienta preocupación, sin sufrir por ello y sin llevar el asunto a Dios en oración.

Este tipo de preocupación por los demás surge del amor y la comprensión. Si tenemos esta gracia del Espíritu de Dios, no asumiremos actitudes superiores, no censuraremos a los demás. Si el Señor quitara su mano de debajo de nosotros, nos hundiríamos y nos iríamos para siempre. Necesitamos ser muy conscientes de eso. Doy gracias a Dios por su bondad que continúa revelándonos a pesar de nuestras muchas debilidades y faltas.

Es en este contexto que recuerdo una conversación que sostuve con un consagrado hermano inglés, Noel Palmer, un alto y expresivo oficial del Ejército de Salvación con una gran voz. «Hermano Palmer», le dije, «¿qué pasa con la santificación en el corazón? ¿Qué significa eso para usted?».

Su respuesta fue rápida. «Creo que, si el corazón ama a Dios y quiere hacer el bien, Dios pasará por alto muchos defectos y nos iluminará mientras caminamos con él».

Hoy digo con Noel Palmer: ¡Gracias a Dios que uno no tiene que ser perfecto para ser bendecido! Lo que usted necesita es tener un gran corazón que quiera la voluntad de Dios más que cualquier otra cosa en el mundo. También necesita tener un ojo puesto en la gloria de Dios.

Estas son las cosas que valen: ejercitar los dones del Espíritu de Dios por medio de la energía del Espíritu. Estas son las cosas que deben ser importantes para nosotros en nuestras congregaciones. ¡Todos se suman al hecho de que el Espíritu Santo está haciendo de Jesucristo nuestro principal gozo y deleite!

CAPÍTULO 2

LOS DONES DEL ESPÍRITU:

UNA NECESIDAD EN LA IGLESIA

> También nosotros, siendo muchos, formamos un solo cuerpo en Cristo, y cada miembro está unido a todos los demás. Tenemos dones diferentes, según la gracia que se nos ha dado. Si el don de alguien es el de profecía, que lo use en proporción con su fe.
>
> ROMANOS 12:5-6

Ahora bien, hay diversos dones, pero un mismo Espíritu. Hay diversas maneras de servir, pero un mismo Señor. Hay diversas funciones, pero es un mismo Dios el que hace todas las cosas en todos.

A cada uno se le da una manifestación especial
del Espíritu para el bien de los demás.

1 CORINTIOS 12:4-7

Los dones genuinos del Espíritu Santo son una necesidad
en la vida espiritual. También son una necesidad para el
ministerio de cada congregación cristiana seria que glorifica
a Jesucristo como Salvador y Señor. En esos dos puntos, la
Biblia es clara.

Habiendo dicho eso, sin embargo, también debo agregar
que no conozco ninguna denominación ni tradición cristiana en ningún lugar del mundo que haya alcanzado la plena y
perfecta realización de la doctrina paulina y la meta de la vida
espiritual en el cuerpo de Cristo.

Esta es una conclusión que puede que no anime mucho a
los críticos y ansiosos personajes que suelen encontrarse en
casi todas las comunidades cristianas. Parecen estar simplemente encaramados y listos para volar a pastos más espirituales tan pronto como puedan localizar una congregación
perfecta compuesta por personas perfectas y dirigida por un
ministro perfecto.

Me parece que Pablo, en sus cartas, estaba tratando de
dejar lo más claro posible que cualquier segmento del cuerpo
de Cristo —en cualquier parte del mundo— debe resumir en
sí mismo todos los oficios, dones y obras de toda la iglesia
de Cristo. En resumen, cualquier asamblea local debe mostrar
todas las funciones de todo el Cuerpo. Pablo enseña con cla-
ridad que cada creyente cristiano debe mostrar uno o varios
dones apropiados, otorgados por Dios —en la persona del
Espíritu Santo— y que los creyentes —juntos— deben realizar
la obra de Dios como un equipo.

Los creyentes son el cuerpo de Cristo

Repasemos aquí algo que es probable que sepamos: la doctrina de la vida y el funcionamiento de los creyentes cristianos en la tierra empieza con el hecho de que la iglesia cristiana es el cuerpo de Cristo; siendo este mismo la Cabeza de ese cuerpo. Todo cristiano verdadero, cualquiera sea el lugar en que viva, es parte de ese cuerpo, y el Espíritu Santo es para la iglesia lo que nuestras propias almas son para nuestros cuerpos físicos. Mediante la operación del Espíritu Santo, Cristo se convierte en vida, unidad y conciencia del cuerpo, que es la iglesia. Deje que el alma abandone el cuerpo físico y todas las partes del cuerpo dejan de funcionar. Si se le niega al Espíritu su lugar en el cuerpo espiritual, la iglesia dejará de funcionar como Dios lo ideó.

Todo el cuerpo humano, por tanto, es una ilustración adecuada de la vida y las funciones espirituales de la iglesia. Pablo usa la analogía en tres de sus cartas del Nuevo Testamento, lo que indica que es más que una ilustración. Es algo cuidadosamente planeado: miembros diseñados y creados para distintas funciones bajo el control de la Cabeza, Jesucristo. Las ilustraciones nunca son perfectas, y los paralelos —en general— se alteran en algún momento, particularmente cuando nos referimos a las cosas sagradas e infinitas de Dios. Por ejemplo, para que el cuerpo físico de una persona funcione, las partes deben estar en un solo lugar. Esparce esas partes y la persona ha de morir. Pero el cuerpo de Cristo, la iglesia, no tiene por qué estar en un solo lugar. Este cuerpo tiene una unidad inherente, la unidad del Espíritu. Algunas de sus partes están en el cielo. Hay partes en prácticamente todos los países del mundo. Y, sin embargo, la verdadera iglesia, el cuerpo de Cristo, no está desgarrada ni dividida, porque la mantiene unida el Espíritu Santo, que mantiene la vida del Cuerpo y controla las funciones de los miembros.

En la ilustración del cuerpo físico, todas las partes están diseñadas para que cumplan funciones específicas. El ojo está diseñado para ver. El oído está diseñado para oír. La mano está diseñada de la manera más especial para realizar diversas funciones. Los pulmones están diseñados para respirar, el corazón para la circulación de la sangre. Todos estos están diseñados para cooperar y actuar en concierto entre sí.

Eso es lo que es estar en el cuerpo de Cristo. Según la Biblia, todo el cuerpo existe en función de sus miembros y los miembros existen en función de todo el cuerpo. Y esa, por supuesto, es la razón por la que Dios otorga dones, para que el cuerpo pueda beneficiarse espiritualmente y mantener tanto la salud espiritual como la prosperidad en su servicio a Jesucristo en este mundo hostil.

La cabeza controla al cuerpo

Ahora, ¿qué pasa con el control de los miembros? Este es el punto que mucha gente parece olvidar. Todos los miembros funcionan y cooperan en el cuerpo bajo la dirección de la cabeza. En el cuerpo humano, si la cabeza de una persona se afecta por algún motivo, el resto del cuerpo sufre; puesto que la falta de control o dirección de los miembros que habían funcionado juntos tan bien en el pasado se altera. Esto es fisiología simple: el cuerpo físico debe tener su control y su dirección de la cabeza.

Es igualmente claro en la enseñanza bíblica que la iglesia, el cuerpo de Cristo, debe obtener su vida, su control, su dirección de su Cabeza viviente: Jesucristo, nuestro Señor. Todo cristiano, entonces, debe estar vitalmente preocupado e interesado particularmente en lo que la Biblia nos dice sobre las funciones de los miembros. Estas funciones, llamadas dones en la Biblia, son habilidades especiales. Son regalos de Dios que provienen de la reserva de su gracia.

Pablo escribió a la iglesia romana este recordatorio: «Digo, pues, por la gracia que me es dada, a cada cual que está entre vosotros, que no tenga más alto concepto de sí que el que debe tener, sino que piense de sí con cordura, conforme a la medida de fe que Dios repartió a cada uno» (Romanos 12:3 RVR1960). Luego, Pablo deja en claro que a todos los creyentes de la iglesia se le ha dado «dones diferentes según la gracia que nos ha sido dada» (12:6).

Algunos maestros parecen pensar que saben exactamente cuántos dones del Espíritu se mencionan en las cartas del Nuevo Testamento. Pero considero que es difícil ser dogmático en cuanto al número completo. Ciertamente es posible que algunas de las designaciones sean sinónimas entre sí, como los dones de gobernar y los dones de gobierno, y sin duda existe cierta superposición en las diversas funciones de los dones.

En Primera de Corintios 12, donde Pablo escribe acerca de la diversidad de dones, se mencionan nueve específicamente. Más adelante, en el mismo capítulo, habla de Dios poniendo apóstoles, profetas y maestros en la iglesia y menciona otros dones como ayudas y gobierno. En Romanos 12, Pablo hace referencia a los dones de exhortación, dar, gobernar y mostrar misericordia. En Efesios 4, menciona las funciones de los dones de evangelistas y pastores.

La exclusividad de los apóstoles

Por lo general, se acepta (aunque no todos lo hagan) que los apóstoles (ver 1 Corintios 12:28; Efesios 4:11) elegidos por

Jesús tenían un oficio particular que no se ha perpetuado. Además, fueron testigos personales de la vida y el ministerio del propio Cristo.

Por ejemplo, el don de profecía del Nuevo Testamento (1 Corintios 12:10, 28) no era predecir sino decir lo que Dios tiene que decir y proclamar la verdad suya para la época actual.

No podemos negar que los maestros cristianos (12:28; Romanos 12:7; Efesios 4:11) deben tener un don especial. Sin embargo, no debemos tener miedo de admitir que no todos pueden enseñar. Incluso aquellos con capacidades naturales deben tener una unción especial del Espíritu de Dios para impartir la verdad espiritual. Sin duda, esto también se aplica a los dones especiales de sabiduría y conocimiento (1 Corintios 12:8).

La vida espiritual básica dentro del cuerpo de Cristo siempre ha reconocido, de manera humilde, la soberanía del Espíritu de Dios en cuanto a los dones de sanidad (12:9, 28) y milagros (12:10, 28).

En Primera de Corintios, Pablo concluye sus referencias a los dones con la mención de «diversas lenguas» y luego plantea la pregunta retórica: «¿Son todos apóstoles? ¿Son todos profetas? ¿Son todos maestros? ¿Hacen todos milagros? ¿Tienen todos dones para sanar enfermos? ¿Hablan todos en lenguas? ¿Acaso interpretan todos?» (12:29-30). La respuesta a estas preguntas, por supuesto, es no, porque luego Pablo instruye: «Ustedes, por su parte, ambicionen los mejores dones» (12:31).

Se me ha sugerido que todos los grupos cristianos que creen en la autenticidad y la necesidad de los dones del Espíritu en la iglesia —en nuestro tiempo— deberían poder permanecer juntos en una gran unidad de compañerismo. Solo puedo decir aquí lo que les he dicho a muchos de mis amigos en los grupos asociados con lo que se conoce como «el movimiento de las lenguas». No creo que sea apropiado magnificar un don por encima de todos los demás, sobre todo cuando ese don es uno que Pablo describió como de menor valor. En cualquier entorno, la tendencia a colocar los sentimientos personales por encima de las Escrituras es siempre un insulto a Dios. Donde el sabio y gentil Espíritu de Dios tiene el control, los creyentes deben mostrar un discernimiento genuino. En algunos círculos de «superdotados» de hoy, hay una falta casi total de discernimiento espiritual y una credulidad que va más allá de toda creencia.

Haga las pruebas pertinentes

Ciertamente no estoy condenando de manera general a las personas ni a las iglesias. Pero hay quienes dicen: «Tenemos los dones del Espíritu. ¡Ven y únete a nosotros!». Antes de unirme a un movimiento, una escuela de pensamiento, una persuasión teológica o una denominación eclesiástica, debo hacer las pruebas pertinentes. ¿Cuáles han sido las características y las peculiaridades de ese grupo durante un largo período de años? ¿Existe un ejercicio de agudo discernimiento espiritual que distinga la carne del Espíritu? ¿Hay algún énfasis en la cohesión y la unidad espiritual? ¿Hay un énfasis bíblico en la pureza de vida?

Para nuestros círculos cristianos que creen en el evangelio en general, me temo que existe una alarmante falta de discernimiento espiritual. Debido a que hemos excluido al Espíritu Santo de muchas maneras, estamos tropezando como si tuviéramos los ojos vendados espiritualmente. Descartar el discernimiento y el liderazgo del Espíritu Santo es la única explicación posible de la manera en que las iglesias cristianas han cedido a la tentación de entretener a los creyentes.

No hay otra explicación para la ola de racionalismo que ahora marca la vida de muchas congregaciones. ¿Y qué hay con el compromiso cada vez mayor con todas las fuerzas amortiguadoras de la mundanalidad? La iglesia de Cristo verdadera, humilde e intransigente es cada vez más difícil de encontrar. No es porque los líderes y las bases dentro de la iglesia sean malos. Es solo porque el Espíritu Santo de Dios ha sido excluido por la fuerza y el don necesario del discernimiento sobre las cosas espirituales ya no está presente.

Necesitamos, definitivamente, el don de la fe (1 Corintios 12:9), y no me refiero a esa fe que todos debemos ejercer para ser salvos. Necesitamos hombres y mujeres con un don de fe especial y peculiar, el que a menudo se vincula con el don de discernimiento por el Espíritu.

Hay una función muy simple, que consiste en el don de ayudar (12:28). No sé todo lo que significa, pero conozco a muchos cristianos que lo que hacen es ayudar en la obra de Cristo.

Relacionado con eso está el don de mostrar misericordia (Romanos 12:8): hacer el bien y alentar a los desanimados, como lo hizo Jesús tan a menudo.

También hay un don de administración en la iglesia (1 Corintios 12:28) que puede ser lo mismo que el don de liderazgo (Romanos 12:8).

Dar es un don

Es posible que algunos no sepan que hay un verdadero don que consiste en contribuir (12:8). Todos los creyentes deben dar; la Biblia lo enseña. Pero existe el don especial de dar.

La Biblia también habla de la función del don del evangelista y el de pastor (Efesios 4:11) en la iglesia.

Dios nos ha dado con su Espíritu Santo cada don, cada poder, cada ayuda que necesitamos para servirle. No tenemos que buscar a nuestro alrededor ni en otra manera.

El aspecto más solemne de esto es nuestra responsabilidad individual. La Biblia enseña que llegará el día en que todos compareceremos ante el tribunal de Cristo. En ese momento todo el mundo se enfrenta a una revisión de las cosas que ha hecho en —y con— su cuerpo, sean buenas o malas.

En ese día estaremos completamente expuestos; en ese momento las cosas que hemos hecho con nuestras propias fuerzas y para nuestra propia gloria serán rápidamente arrastradas como paja y heno sin valor; y seremos separados para siempre de la clase de obras y ministerios que son forjados por el Espíritu y descritos como tesoros eternos a los ojos de Dios: oro, plata y piedras preciosas, cosas que el fuego no puede dañar. En ese día todo lo que está relacionado con la obra de la carne perecerá y pasará; solo permanecerá lo que ha sido obra del Espíritu de Dios.

¿Se atreve usted a aceptar el hecho de que el Dios soberano ha ideado hacer toda su obra a través de hombres y mujeres espiritualmente dotados? Por lo tanto, él hace todo su trabajo en la tierra a través de creyentes humildes y fieles a quienes se les dan dones y habilidades espirituales que son superiores a sus propias capacidades.

Permítame sorprenderle en este punto. Una persona naturalmente inteligente puede llevar a cabo una actividad religiosa sin un don especial de Dios. Los que llenan los púlpitos de la iglesia todas las semanas están usando solo habilidades naturales y entrenamiento especial. Algunos son conocidos como expositores de la Biblia, porque es posible leer y estudiar comentarios para luego repetir lo que se ha aprendido acerca de las Escrituras. Sí, puede que le sorprenda, pero es cierto que cualquier persona capaz de hablar con fluidez puede aprender a usar frases religiosas y ser reconocido como predicador.

La verdadera predicación está dotada del Espíritu

Si alguna persona está decidida a predicar para que su obra y ministerio permanezcan en el día del juicio final, entonces debe predicar, enseñar y exhortar con la clase de amor y pre-ocupación que solo se obtiene mediante un don genuino del Espíritu Santo; algo que es superior a sus propios talentos y capacidades.

Debemos recordar que incluso nuestro Señor Jesucristo, ministrando en el tiempo de su humanidad entre nosotros, dependía de la unción del Espíritu. Él mismo se aplicó las palabras del profeta Isaías cuando dijo:

«El Espíritu del Señor está sobre mí,
   por cuanto me ha ungido
   para anunciar buenas nuevas a los pobres.
Me ha enviado a proclamar libertad a los cautivos
   y dar vista a los ciegos,
a poner en libertad a los oprimidos,
   a pregonar el año del favor del Señor».
                        —LUCAS 4:18-19

¿Acaso nos damos cuenta de que cuando los líderes y los miembros de una iglesia no tienen los dones genuinos del Espíritu —ni la verdadera unción del Espíritu—, tratan de depender de las capacidades humanas y naturales? En casos así, los talentos naturales son los que ocupan el primer plano.

A veces oímos a algún tipo que puede silbar entre dientes. O a alguien que tiene un talento maravilloso para componer poesía de manera improvisada. O vemos a algunos músicos y cantantes talentosos. O a otros que son expositores cautivantes. (¡Admitámoslo!). En los escenarios en los que actúan gente como esa, el talento es lo que dirige la iglesia. Sin embargo, los dones del Espíritu no se reconocen ni se usan como Dios ideó.

Gran parte de la actividad y la comunión de la iglesia también se basa en la práctica de la psicología. Muchos líderes eclesiales son psicólogos magistrales. Saben cómo manejar a la gente y hacer que las multitudes acudan a ellos. Su operación califica como una iglesia asombrosamente «exitosa». Parte del éxito de esas iglesias depende de personas con talento para los negocios y parte depende de personas con dones naturales como vendedores y políticos.

Una congregación cristiana puede sobrevivir y, a menudo, parece prosperar en la comunidad mediante el ejercicio del talento humano y sin ningún toque del Espíritu Santo. Pero es simplemente una actividad religiosa, en la que la gente ingenua no sabrá nada hasta el gran y terrible día en que nuestros talentos autónomos sean quemados con fuego y solo lo que fue obra del Espíritu Santo permanezca.

Dios está dispuesto y esperando

A través de su Espíritu, Dios está esperando y dispuesto a hacer por cualquier iglesia lo que quiere hacer por todo el cuerpo de Cristo. Esa fue la promesa de Cristo, de que «cuando venga el

Espíritu Santo sobre ustedes, recibirán poder» (Hechos 1:8). A los discípulos se les enseñó que el Espíritu Santo también otorgaría dulces gracias y agradables frutos de piedad cuando pudiera controlar sus personas.

Permítanme compartirles mi sincera esperanza y mi expectativa: ¡creo que el Espíritu Santo de Dios quiere hacer algo nuevo y lleno de gracia en medio de nosotros! Con la dignidad y el autodominio que es básico en la fe cristiana, con la serenidad y la dulzura que pertenecen a Jesucristo, con el abandono que marcó la vida espiritual de los apóstoles en la iglesia primitiva, ¡arrojémonos a la gran plenitud de Dios con expectación!

¿No sería maravilloso si ese derramamiento del Espíritu de Dios que vino sobre los moravos, hace siglos, volviera a caer sobre nosotros? Solo pudieron explicar: «Sentimos la cercanía amorosa del Salvador otorgada en forma instantánea».

Oh, qué haría eso por nosotros: sentir la amorosa cercanía del Salvador otorgada instantáneamente. Con ello viene el amor por la Palabra de Dios, la cohesión amorosa, la dignidad, la utilidad, la vida moral elevada y la pureza de vida, porque esa es la única clase de cercanía que el Espíritu Santo trae.

CAPÍTULO 3

TRAGEDIA EN LA IGLESIA:

LOS DONES PERDIDOS

> A cada uno se le da una manifestación especial del Espíritu para el bien de los demás.
>
> —1 CORINTIOS 12:7

La iglesia cristiana no puede alcanzar su verdadera estatura en el cumplimiento de los propósitos de Dios cuando sus miembros descuidan los verdaderos dones y gracias del Espíritu de Dios. Gran parte de la actividad religiosa que vemos en nuestras congregaciones no es la obra eterna del Espíritu Eterno, sino la obra letal de la mente mortal del hombre.

¡Esa es una cruda tragedia!

Por lo que veo y siento en los círculos evangélicos, tendría que decir que alrededor del noventa por ciento del trabajo religioso que se lleva a cabo en las iglesias lo realizan miembros sin dones. Me refiero a hombres y mujeres que saben hacer muchas cosas, pero que no logran mostrar los dones espirituales prometidos por el Espíritu Santo.

Esta es una de las formas en las que hemos frenado la verdadera obra de Dios en su iglesia y en los corazones de las personas incrédulas que nos rodean. Hemos permitido que los miembros del cuerpo que no poseen dones genuinos del Espíritu realicen trabajo religioso.

Ha sido gratificante, en las recientes conferencias interdenominacionales a las que he asistido, confraternizar con ministros de renombre internacional que están predicando acerca de la gran necesidad de la operación del Espíritu entre el pueblo de Dios. Esta convicción se repite cada vez más en todo el mundo a medida que nuestro Señor está confirmando la misma necesidad a muchos miles de cristianos en todas las denominaciones.

«¿Por qué este énfasis?» se ha de preguntar usted. «Acaso ¿no todos los cristianos tienen el Espíritu Santo?».

Hay mucha argumentación bíblica autorizada para afirmar que todo creyente regenerado tiene una medida del Espíritu. Pablo les recordó a los creyentes corintios que habían sido bautizados en un cuerpo por el Espíritu (1 Corintios 12:13). A los creyentes en Roma les dijo que «si alguno no tiene el Espíritu de Cristo, no es de Cristo» (Romanos 8:9).

Dios, sin embargo, tiene más

En la misma carta en la que el apóstol explicaba a los cristianos corintios la operación del Espíritu de Dios en su regeneración, Pablo también les decía: «En cuanto a los dones espirituales, hermanos, quiero que entiendan bien este asunto» (1 Corintios 12:1), y luego, les exhorta: «ambicionen los mejores dones» (12:31). Si Pablo solo quisiera que supieran que tenían una medida del Espíritu después de la conversión, habría dicho eso y se habría detenido ahí mismo. Pero prosiguió extensamente para explicar la necesidad del funcionamiento de los dones del Espíritu en la iglesia. Y creo que estaba explicando que esas funciones y capacidades espirituales son el derecho de nacimiento de todo cristiano.

Pablo no dijo que debemos ser cristianos importantes y conocidos para ser útiles al Espíritu de Dios en el funcionamiento del cuerpo de Cristo, la iglesia. Esto no es algo reservado para los grandes. Es el derecho de nacimiento del santo más humilde.

Pablo les recordó a los creyentes de Corinto que Dios, en realidad, buscaba a las personas sencillas porque estaban dispuestas a responder a la realización del plan de Dios a través del Espíritu Santo y su ministerio.

«¿Dónde está el sabio?», preguntaba Pablo. «¿Dónde el erudito? ¿Dónde el filósofo de esta época? ¿No ha convertido Dios en locura la sabiduría de este mundo?» (1 Corintios 1:20). Y luego continúa diciendo:

«Pero Dios escogió lo insensato del mundo para avergonzar a los sabios, y escogió lo débil del mundo para avergonzar a los poderosos. También escogió Dios lo más bajo y despreciado, y lo que no es nada, para anular lo que es, a fin de que en su presencia nadie pueda jactarse».

1 Corintios 1:27-29

El Espíritu de Dios, su presencia y sus dones no son simplemente deseables en nuestras congregaciones cristianas; ¡son absolutamente necesarios!, ¡imperativamente necesarios!

Ahora, aquí hay otro aspecto de la verdad que a menudo se pasa por alto. Los hombres y las mujeres —regenerados y convertidos— que han encontrado gozosamente su lugar en el cuerpo de Cristo por la fe siguen siendo humanos, aunque redimidos por la fe en la muerte y resurrección de Jesucristo. Habiendo encontrado el perdón divino a través de la misericordia y la gracia de Dios, se deleitan en el levantamiento completo del sentimiento de culpa y en la comunión que encuentran en diversos segmentos de la iglesia visible de Jesucristo en la tierra, aquí y ahora.

Mas siguen siendo humanos

Mi punto es este: ellos todavía son humanos y viven en cuerpos aún no redimidos. Si han de continuar en la bendición de la comunión de los espiritualmente redimidos, si han de participar con éxito en el testimonio cristiano que Dios espera de ellos, deben conocer y experimentar conscientemente la iluminación que mora en el Espíritu Santo de Dios. Deben depender de sus dones, su investidura y su unción si esperan hacer frente a la plaga universal que está sobre la humanidad.

Los creyentes aún están en sus cuerpos no redimidos. Esto es cierto para cada creyente, cada miembro del cuerpo, ya sea el santo más antiguo y tierno amante de Dios que ha seguido al Señor o al recién convertido que acaba de encontrar el perdón de los pecados y el gozo de la salvación.

Sí, esta es la teología cristiana ortodoxa, y así nos lo reveló el apóstol Pablo:

«Porque fue sometida a la frustración. Esto no sucedió por su propia voluntad, sino por la del que así lo dispuso. Pero queda la firme esperanza de que la creación misma ha de ser liberada de la corrupción que la esclaviza, para así alcanzar la gloriosa libertad de los hijos de Dios. Sabemos que toda la creación todavía gime a una, como si tuviera dolores de parto. Y no solo ella, sino también nosotros mismos, que tenemos las primicias del Espíritu, gemimos interiormente, mientras aguardamos nuestra adopción como hijos, es decir, la redención de nuestro cuerpo»

—ROMANOS 8:20-23

No hay otra forma de que podamos tenerlo. Los santos de Dios en esta era, viven en un templo no redimido. El cuerpo está potencialmente redimido, porque esa es la promesa de Dios. Pero en esta vida todavía no ha sido redimido. Y es por eso que es imposible que Dios use a hombres y mujeres, que aún deben morir, para lograr su propósito eterno. Solo el Espíritu eterno puede hacer ese tipo de obra inmortal.

Quizás necesitemos una ilustración aquí. Los artistas consagrados dan crédito a sus manos y a sus ojos por sus pinturas. Los músicos dan crédito a sus manos y a sus dedos por las armonías producidas al tocar las teclas o las cuerdas. Las personas talentosas de todo el mundo piensan que sus pies, sus manos, sus oídos o sus cuerdas vocales son los medios de sus producciones. ¡Nunca hubo un error más grande que creer eso!

El crédito al cerebro

El mérito tiene que ser para el maravilloso cerebro que Dios le ha dado a cada persona. En realidad, las manos nunca han hecho nada excepto por mandato y control del cerebro. Si el cerebro se afecta repentinamente y muere, las manos quedarán flácidas e indefensas. Es el cerebro de la persona el que pinta un cuadro, huele una rosa, escucha el sonido de la música.

Todo esto es una cuestión de fisiología común. Todos aprendimos este hecho en la escuela y los médicos lo saben bien de manera avanzada. La mano de usted no origina nada. Si hace crochet o pinta, corta o recorta u opera una máquina, el origen y el control de ello recaen en el cerebro; las manos funcionan solo como los instrumentos a través de los cuales trabaja el cerebro.

El Espíritu Santo debe ser para los miembros del cuerpo de Cristo lo que el cerebro es para los ojos, los oídos, la boca, las manos, los dedos y los pies. La Biblia dice: «Dios es quien produce en ustedes tanto el querer como el hacer para que se cumpla su buena voluntad» (Filipenses 2:13). Alguien puede darme crédito por algo que cree que hice por Dios. Pero en realidad, Dios lo está haciendo y me está usando como instrumento, porque hay cierto sentido en el que no puedo hacer ningún trabajo espiritual de ningún tipo.

Lo importante es que el Espíritu Santo desea tomarnos con el objeto de controlarnos y usarnos como instrumentos y órganos a través de los cuales pueda expresarse en el cuerpo de Cristo. Quizás pueda usar mis manos como una ilustración más de esta verdad.

Mis manos son más o menos normales, supongo, quizás un poco grandes para el tamaño de mi cuerpo (probablemente porque tuve que hacer mucho trabajo agrícola cuando era niño). Pero hay algo que debo decirle acerca de estas manos. No pueden tocar un violín. No pueden tocar un órgano ni un piano. No pueden pintar un cuadro. Apenas pueden sostener un destornillador para hacer un pequeño trabajo de reparación y evitar que las cosas se caigan a pedazos en casa. *Tengo manos no dotadas.*

Estoy perfectamente dispuesto a pintar un cuadro o a tocar el piano, pero mis manos no tienen talento para ello. Mi cerebro puede dar alguna instrucción a esos miembros de mi cuerpo, pero no hay respuesta de mi cerebro en cuanto a forma, coordinación y perspectiva. Si mi cerebro dijera: «Tozer, toca algo para nosotros en el piano», solo podría responder: «Cerebro, me encantaría, pero ¡mis manos no saben nada de ese don!».

Seamos coherentes

Seguro que usted estará de acuerdo conmigo en que sería una tontería, de mi parte, intentar tocar una deleitable pieza musical al piano con unas manos tan poco dotadas como las mías. Por tanto, ¿no le parece espantoso pensar que permitimos que eso mismo suceda en el cuerpo de Cristo? Reclutamos gente y les decimos que se ocupen de hacer la obra de Dios, sin tomar en cuenta la necesidad de que el control lo ejerza el Espíritu de Dios, de modo que su función contribuya a que haya un buen resultado espiritual.

La labor que solo es oficio ritual y actividad religiosa puede ser realizada por hombres y mujeres sin dones, y puede implementarse en el marco de la iglesia cristiana. Pero, en definitiva, el resultado terminará siendo producto de la mente humana.

Los «activistas» religiosos pueden presumir de muchas cosas. Construyen iglesias. Escriben himnos y libros. Musicalmente, cantan y tocan sus instrumentos. Algunos incluso dedican tiempo a la oración. Otros organizarán movimientos, cruzadas y campañas. Pero no importa qué tan temprano en la mañana comiencen ni qué tan tarde en la noche continúen con sus proyectos, si se trata de un ejercicio de talento humano con fines religiosos, solo va a terminar en un trabajo efímero e infructuoso hecho por personas poco espirituales. Labor sobre la cual Dios escribirá un título: «¡Trabajo mortal y efímero!».

En nuestro mundo de hoy, lo mortal y lo efímero parecen destacarse a través de la iglesia de Cristo. ¿La razón? Muchas personas están tratando de hacer —con el genio humano y con el poder de la carne— lo que solo Dios puede realizar a través del poder de su Espíritu Santo.

No debemos dejarnos engañar por el uso impreciso y negligente de la palabra *inmortal*. Las galerías de arte afirman que las pinturas de Miguel Ángel son inmortales. La gente de letras se refiere a la poesía de Elizabeth Browning como literatura inmortal. En verdad, no hay pinturas inmortales, ni sonetos inmortales, ni composiciones musicales inmortales. La inmortalidad es una existencia sin fin.

Preferiría estar entre aquellos que son desconocidos, olvidados y no anunciados que hacen algo a través del Espíritu de Dios que contará incluso un poquito en el reino de Dios que involucrarme en alguna expresión altamente reconocida de actividad religiosa a través de la cual Dios finalmente escribirá el juicio: «¡Esto también pasará!».

Es verdad que gran parte de la actividad de la iglesia se fundamenta en una base inestable de psicología y talentos naturales. Es triste, pero cierto, que muchas suegras están orando para que su apuesto yerno sea llamado a predicar puesto que «su presencia en el púlpito sería algo maravilloso».

Necesitamos discernimiento

Vivimos en una época en la que se supone que el atractivo cubre casi toda la multitud de pecados. Lo atrayente ha ocupado un lugar destacado en la expresión religiosa. Estoy convencido de que nuestro Señor espera que seamos lo suficientemente severos y osados para reconocer todo eso que agrada a los inconscientes en nuestras iglesias; cosas como por ejemplo: el encanto, el dominio escénico en el púlpito, la presencia atildada, las deleitosas cualidades oratorias.

Es mejor que no olvidemos lo que dijo el apóstol Pablo sobre la «presencia» y la «palabra u oratoria». Reconocemos el hecho de que Pablo fue uno de los hombres más grandes que jamás haya vivido y que fungió como canal humano para la gran obra de Dios todopoderoso. Pero ¿recuerda usted lo que decían de él en su época? Los cosmopolitas corintios comentaban que «Sus cartas son duras y fuertes, pero él en persona no impresiona a nadie, y como orador es un fracaso» (2 Corintios 10:10). Cuando leyeron su primera carta, dijeron: «Escribe cartas tremendas. ¡Eso es genial!». Pero más tarde, cuando lo escucharon en persona, se sintieron decepcionados. Parecía tener muy pocos talentos naturales.

No perdamos de vista, sin embargo, la importancia de esa evaluación. Tenía una de las mentes más grandes del mundo, pero aparentemente habría reprobado cualquier prueba que le hicieran los locutores de radio. Tampoco tenía una presencia encantadora en el púlpito. No tenía radiantes cualidades vocales ni modales. Pero adondequiera que iba, era guiado por el Espíritu Santo. Todo lo que hizo fue impulsado por el Espíritu Santo. Su gran obra misionera hizo progresar la causa de Cristo en todo el mundo conocido de su época.

Lo lamento por la iglesia que decide contratar a un pastor debido a que «¡su personalidad, simplemente, es atractiva!». He visto muchas de esas bengalas a lo largo de los años. En realidad, como sabe cualquier niño que disfruta una fiesta de fin de año, las bengalas pueden causar emoción en el vecindario, pero ¡solo por un minuto! Después, uno se queda sosteniendo la varilla caliente en la mano mientras se enfría rápidamente.

Muchos de esos expositores con personalidades radiantes han venido a nuestras iglesias, pero la mayoría de ellos han resplandecido y se han ido; visitantes fugaces como los cometas. El Espíritu Santo descarta todo ese brillo, todo ese encanto, toda esa presencia en el púlpito y todo ese magnetismo personal. Luego nos susurra: «Dios quiere humillarte, llenarte de él y tener el control de tu vida para que puedas convertirte en parte de la obra eterna que desea hacer en la tierra en tu tiempo».

Una palabra de aliento

Ahora, apreciemos unas palabras de aliento. El hecho de que los verdaderos dones del Espíritu sean tan raros entre nosotros no significa que falten por completo. Nunca ha habido un momento, en la historia de la iglesia cristiana, en el que los dones no estuvieran presentes ni cumplieran su función. A veces han operado incluso entre algunos que no han entendido ni creído como pensamos que los cristianos deberían entender y creer. Sin embargo, la iglesia del Señor ha prevalecido y los creyentes han sido fieles a Cristo. El Espíritu Santo ha venido trabajando, eslabón tras eslabón, dando forma a una cadena de cristianos verdaderamente espirituales.

Lo que hacemos en la obra de Dios debemos hacerlo en el poder del Espíritu Santo. Estamos conscientes de que es posible que recibamos pocos elogios por parte de los hombres. Pero lo que logremos para Dios —como verdadera obra espiritual realizada pensando en la eternidad— llevará grabado el elogio divino.

La mayoría de nosotros nunca ha escuchado —o no recordamos— el nombre de una humilde joven de dieciséis años cuyo canto produjo tales resultados espirituales en el avivamiento galés con Evan Roberts. Aquella chica serena y humilde interpretaba canciones evangélicas a pesar de que en ese tiempo no se acostumbraba que cantaran solistas en los cultos celebrados en Gales. Los galeses cantaban en grupos corales y utilizaban el salterio métrico, lo que no se prestaba particularmente para la expresión vocal de los solistas.

Mucho se ha dicho y escrito sobre el don espiritual de esa joven: la capacidad que el Espíritu le daba para glorificar al Salvador cuando se aprestaba a cantar. No se hablaba mucho acerca de su voz. No sé cuánta belleza lírica o calidad musical había en su voz, pero lo claro es que ella era una persona dotada del Espíritu. El Espíritu Santo parecía estar cantando y moviéndose a través de la expresión vocal de la muchacha.

Cuando esa chica entonaba las melodías acerca del Señor Jesucristo y del plan de salvación, cuando cantaba sobre la bondad, la misericordia de Dios y la necesidad del Salvador que tienen todos los seres humanos, el Espíritu traía convicción a los corazones de los hombres y mujeres que estaban en la audiencia y eran conmovidos por el poder del Espíritu Santo. Entonces Evan Roberts se levantaba para predicar y lo que le quedaba por hacer era poco. Decía que citaría las Escrituras y agregaría una exhortación, y la gente ya estaba lista para allegarse a Jesucristo. El cántico interpretado por aquella desconocida solista los había fundido con el ardor y el poder del Espíritu. La muchacha ejercía humildemente el don inusual que Dios le había otorgado.

Si ella cantara hoy

¡Ah, qué haríamos con un ministerio como ese en estos tiempos! La llevaríamos a la televisión, a YouTube y al resto de las redes sociales para mostrar su talento; además, la consentiríamos mucho y es probable que la convirtiéramos en una artista aclamada. Gracias a Dios, a nadie se le ocurrió animarla a escribir la historia de su vida. Gracias a Dios que no la presionaron para que escribiera un libro titulado *Mi vida: de la guardería a la plataforma*.

Aquella chica es un hermoso ejemplo de lo que he estado clamando en estos tiempos: el uso humilde de nuestros dones espirituales para la gloria de Jesucristo. Ella era una simple chica galesa controlada voluntariamente por el Espíritu Santo de Dios. Hasta donde yo sé, nunca hubo un crítico musical en ningún lugar que dijera que tenía una buena voz. Pero ella tenía algo mucho mejor. Tenía el don del Espíritu de Dios.

El Espíritu Santo es la amorosa tercera persona de la Deidad y su encuentro con nosotros es la bendición más grande que podemos gozar. Es un encuentro sin dolor ni presión. Lo único que podríamos considerar doloroso es que necesitamos prepararnos para ello, porque el Espíritu Santo está interesado —entre otras muchas cosas— en ser nuestro ayudador, nuestro guía y nuestro inspirador. Él nos guiará en las confesiones necesarias que debemos hacer. Él nos guiará en lo referente a librar nuestras vidas de todo lo que sea egoísta y de lo que pueda separarnos de Jesús. Él nos guiará a arreglar nuestras diferencias con otras personas. Él nos guiará a buscar el perdón donde y cuando sea necesario. Nos dirigirá para que seamos vasos limpios y de honra para la gloria de Dios; también nos mostrará la necesidad de la restitución cuando debamos presentarla a los que ofendemos.

Algunas de las personas que andan por todas partes con sus grandes Biblias, con la intención de impresionar a los demás, no serán llenas del Espíritu Santo hasta que abandonen su apariencia de que son «fieles creyentes» y anhelen con fervor el humilde plan de Dios para sus vidas. Y después del deseo debe venir la determinación a seguir adelante con Dios bajo sus términos. Sin embargo, no serán llenos, poseídos ni controlados por el Espíritu de Dios hasta que se arrojen a los brazos de Dios con desesperación.

¿Y qué pasa con usted? En cuanto a su fe, ¿ha cerrado los ojos y se ha lanzado a los brazos de Jesús? Aun con toda la ayuda, instrucción e inspiración del Espíritu Santo, aun con todos los versículos de la Biblia que respaldan su posición en Cristo, ¿está listo para clamar a Dios desde lo más profundo de su corazón? ¿Está listo para decirle: «¡Lléname ahora! ¡Oh, lléname ahora!»?

Si es así, usted pasará a esa zona de oscuridad donde la razón humana tiene que ser suspendida por un momento y su corazón salta a los brazos de Dios. Es en ese punto donde el talento humano, la gloria humana, el deber humano, el favor humano pasan a la oscuridad del ayer. De repente, ahora impera en su corazón la gloria de Dios, la honra a Dios, la belleza de Dios, el Espíritu de Dios. Usted ha sido quebrantado, conmovido y lleno del poderoso Espíritu de Dios a tal grado que nadie puede hacerle cambiar de opinión.

Un testimonio personal

A mis diecinueve años, oraba fervientemente, arrodillado en el salón de la casa de mi suegra cuando fui bautizado con una poderosa llenura del Espíritu Santo. Había estado ansioso, buscando la voluntad de Dios, y me había enfrentado a casi todos los grupos e «ismos» con sus fórmulas, teorías y enseñanzas. Todo eso había tratado de golpearme. Algunos decían que fui demasiado lejos; otros, que no había ido lo suficientemente lejos. Pero déjeme asegurarle que sé lo que Dios hizo por mí y dentro de mí en ese momento. Nada en el exterior tenía significado para mí. Con desesperación y fe, me lancé —lejos de todo lo que no tenía importancia— hacia lo que era más importante: ser poseído por el Espíritu del Dios viviente.

Cualquier pequeña obra que Dios haya hecho a través de mí y de mi ministerio para él se remonta a esa hora en que fui lleno del Espíritu. Por eso suplico por la vida espiritual del cuerpo de Cristo y los ministerios eternos del Espíritu Santo a través de los hijos de Dios, sus instrumentos.

CAPÍTULO 4

NO HAY CRISTIANOS DE SEGUNDA CLASE:

LA IGLESIA SIGUE SIENDO IGLESIA

De hecho, aunque el cuerpo es uno solo, tiene muchos miembros, y todos los miembros, no obstante ser muchos, forman un solo cuerpo. Así sucede con Cristo. Todos fuimos bautizados por un solo Espíritu para constituir un solo cuerpo —ya seamos judíos o gentiles, esclavos o libres—, y a todos se nos dio a beber de un mismo Espíritu...

Ahora bien, ustedes son el cuerpo de Cristo, y cada uno es miembro de ese cuerpo.

—1 Corintios 12:12-13, 27

Dios perpetúa su iglesia haciendo en los individuos, generación tras generación, lo mismo que hizo en Pentecostés. Los que son verdaderamente cristianos hoy no son —en ninguna manera— inferiores a los que eran realmente cristianos entonces. Tales son las promesas eternas de Jesucristo al pueblo que cree en Dios.

¿Creemos como verdad y reclamamos como deberíamos que la verdadera iglesia, cuando se reúne en el Nombre —que es sobre todo nombre— para adorar la Presencia, encuentra a Cristo entregándose a una vida de comunión? No es el método lo que da forma a la iglesia ni a su servicio. La Presencia y el Nombre son los que hacen la iglesia. Dondequiera que las personas se reúnan en el Nombre, ahí está la Presencia. La Presencia y el Nombre constituyen la verdadera asamblea de creyentes.

Esto saca a la luz una verdad maravillosa. En el cuerpo de Cristo no hay congregaciones insignificantes. Cada una tiene su Nombre y cada una es honrada por su Presencia.

Un joven ministro, cuando fue presentado a un reconocido líder eclesiástico, comentó: «Doctor, estoy seguro de que no me conoce. Soy pastor de una pequeña iglesia rural».

El clérigo respondió sabiamente: «Joven, no hay iglesias pequeñas; todas las iglesias son del mismo tamaño a los ojos de Dios».

Grande o pequeña, la iglesia debe ser una asamblea de creyentes reunidos a través de un Nombre para adorar una Presencia. Lo extraordinario es que Dios no pregunta si es una iglesia grande o pequeña.

Sin embargo, la gente insiste en preguntar sobre el tamaño y el número de personas, pero los que actúan así es porque son carnales. Conozco mucho sobre esa clase de juicios humanos.

«Esta es una iglesia muy pequeña» o «Esa es una iglesia pobre y desconocida». No obstante, lo que Dios responde es lo que sigue: «¡Esa es mi iglesia! Todas son mis iglesias y cada una de ellas tienen derecho pleno a todo lo que yo les concedo».

Toda iglesia local tiene que estar plenamente consciente de su relación con la iglesia del Nuevo Testamento. Deberíamos preguntarnos si estamos tan verdaderamente interesados en el crecimiento espiritual como lo estaban los creyentes de la edad neotestamentaria. Debemos confesar que la temperatura espiritual entre nosotros a menudo puede ser más baja que la que imperaba en la iglesia primitiva. No podemos evadir la verdad de que aquellos que se reúnen genuinamente en el Nombre de Jesús para honrar su Presencia participan en una relación que se remonta al Nuevo Testamento y a los apóstoles.

Dios perpetúa por repetición. Considere seriamente conmigo algunos pensamientos relacionados con ese hecho.

Primero, repasemos cómo perpetúa Dios la raza humana. En cada ser humano yace la misteriosa y sagrada corriente de vida que Dios infundió en Adán y Eva. Esto se ha perpetuado a lo largo de los siglos por la constante repetición efectuada en cada generación. Es la misma raza humana con la misma naturaleza humana. La humanidad simplemente se repite generación tras generación.

Es posible que usted y yo no seamos lo mismo que Adán, sus nietos o sus tataranietos. Sin embargo, estamos tan verdaderamente relacionados con él como sus hijos, Caín y Abel. Cada uno de nosotros está relacionado con él por el misterio de la procreación y la continuidad de la vida, que solidifica y mantiene unido como uno a todo el género humano.

Es cierto que los que habitamos la tierra hoy no somos las mismas personas que la habitamos cuando Colón descubrió América. Ningún individuo que viva ahora estaba vivo entonces. Sin embargo, es la misma carrera. Dios ha logrado la continuidad del género humano repitiendo cada generación a través del misterio de la procreación.

La ilustración de Israel

Israel ilustra este concepto. El Israel de la época de Moisés no era el mismo Israel que disfrutó de la gloria de David. Fue, sin embargo, el mismo Israel por la repetición de la procreación. Era el mismo Dios, el mismo pacto, la misma relación, la misma revelación, los mismos padres, la misma intención y propósito. Era la misma nación.

Es por eso que Dios pudo hablarle a Israel en los días de Moisés, en los días de David y en los días de Cristo y estar hablando con el mismo Israel. En realidad, era el mismo Israel asegurado y perpetuado en una continuidad ininterrumpida por el misterio de la procreación y la repetición.

Así es con la iglesia de nuestro Señor Jesucristo, la verdadera iglesia, la que está viva en la actualidad. (En este contexto, no me refiero a iglesias incrédulas y sin vida. Me refiero a las iglesias verdaderas, las asambleas de creyentes fieles). No somos las mismas personas que constituían la iglesia en los días en que Wesley predicaba. Y cuando Wesley predicó, no había una sola persona que estuviera viva cuando Lutero clavó sus noventa y cinco tesis en la puerta de la iglesia del castillo de Wittenberg. Y cuando Lutero predicó, no quedaba ni un hombre ni una mujer de los que vivieron cuando Bernardo, el antiguo santo, escribió sus grandes himnos. El punto es que cada generación es un grupo diferente de personas, pero es la misma iglesia la que desciende en forma lineal ininterrumpida desde la iglesia más antigua.

Esta misma continuidad no se manifiesta en la progresión de la mayor parte de la vida nacional. Las naciones tienen cohesión política. El imperio británico existió a lo largo de sus muchas generaciones por medio de la unidad política. Pero la unidad política no es unidad biológica. La raza humana, una unidad por procreación biológica, tiene una sola corriente de vida, independientemente de la manera en que las personas se dividan de acuerdo a distinciones políticas.

Y lo mismo ocurre con la iglesia de Cristo. Nunca ha sido la organización política o la segmentación lo que la mantiene unida. Cuando hablamos de nuestra tradición protestante, la tradición de los padres, hablamos de manera metafórica y hermosa. Pero no queremos expresar lo mismo que queremos decir cuando afirmamos que una asamblea local de creyentes fieles pertenece al linaje de los apóstoles. Eso no es político ni ideológico. Tiene que ver con el misterio de la vida, con la vida de Dios en el hombre. El Espíritu Santo hace en la vida de las personas de hoy lo mismo que hizo en la vida de los apóstoles y los creyentes del primer siglo.

Aprecio y agradezco a Dios por todos los grandes y piadosos hermanos incondicionales en la historia de la iglesia. Los consideramos líderes, aunque en realidad eran sirvientes, al igual que usted y yo. Lutero sembró, Wesley regó, Finney cosechó. Todos eran siervos del Dios vivo. Y aunque respetamos a personas como ellos, en realidad no seguimos a ninguno de ellos. Nuestro privilegio se remonta más atrás y proviene de una Fuente superior.

Somos parte de la iglesia fundada por el Señor Jesucristo y perpetuada por el misterio del nuevo nacimiento. Por lo tanto, nuestra asamblea es la de creyentes cristianos reunidos bajo un Nombre para alabar y adorar a una Presencia.

Si esto es cierto, y todo dentro de mí atestigua que lo es, toda la tensión desaparece. Incluso la tensión relativa a las formas religiosas tradicionales ha desaparecido. Las presiones para cantar ciertos cánticos, recitar ciertas oraciones y credos, seguir ciertas liturgias aceptadas, se ajustan a los patrones tradicionales de liderazgo ministerial; todo eso palidece en importancia a medida que funcionamos en la fe como pueblo de Dios que glorifica el Nombre por encima de todo nombre y que, además, honra su Presencia.

Sí, sostengo que Dios puede hacer hoy por nosotros todo lo que hizo en los días de los apóstoles. Ah, el poder también es nuestro, ese potencial que poseemos porque él está aquí, con nosotros. Nuestro derecho sigue en pie. ¡Nuestro privilegio no ha sido revocado!

Si se hiciera una encuesta para nombrar a los diez hombres más grandes del mundo y no se incluyeran nuestros nombres, todavía tendríamos los mismos privilegios que ellos en el ambiente de Dios. Podemos respirar el hermoso aire de Dios, mirar su cielo azul, contemplar una serie interminable de estrellas en el cielo nocturno. Podemos pararnos sobre la dura tierra y pisar fuerte conscientes de que nos sostendrá. Somos tan parte de esta raza humana como los hombres y mujeres más grandes.

Y, en el aspecto espiritual, no hay ninguna bendición o privilegio dado por Dios que se nos niegue hoy; entendiendo, por supuesto, que sabemos lo que la Biblia realmente dice. Por ejemplo, sabemos que no podemos tener los cielos nuevos y la tierra nueva en este momento, aunque podemos disfrutar de la esencia de ellos en nuestro ser ahora mismo. También sabemos que en este instante no podemos tener el nuevo cuerpo que Dios nos dará en la venida de Cristo. Pero todas las cosas que han de ser para nosotros las podemos tener ahora, y es fácil descubrir cuáles son.

¿Por qué es eso así?

De modo que, ¿por cuál motivo no están experimentando, los creyentes, todo lo que Dios desea para ellos? ¿Por qué nuestra asistencia a la iglesia se ha convertido en algo social? ¿Por qué la iglesia y el cristianismo se convierten en meras formalidades y rituales?

La respuesta simple es: porque estamos mal instruidos. Nos han enseñado mal. Se nos ha dicho que somos diferentes ahora, cosa que hemos sido desde la muerte de los apóstoles. Se nos advierte: «Esta es una época diferente en la iglesia. El diablo está ocupado y no podemos tener ni saber lo que la iglesia apostólica tenía y sabía».

A ese tipo de enseñanza, reacciono con mucha firmeza. Cualquier persona que se atreva a decir cosas como esas está en la misma posición que un hombre que se niega a dejar que sus hijos abran la puerta de la despensa o que se sienten a la mesa a comer. Cualquier tipo de enseñanza o exposición, así llamada, que le impida a usted disfrutar de los privilegios y las promesas del Nuevo Testamento es maligna, ¡y la persona que trata de excluirlo es un falso maestro! ¿Quién le dio a alguien el derecho de pararse en la mesa de su comedor a la hora de cenar y no dejar que sus hijos ingirieran el alimento? ¿Quién tiene derecho, en nombre de una mala enseñanza, a mantener a sus hijos alejados de su mesa? Esos son sus hijos y usted es responsable de ellos. Tiene un pacto no escrito con ellos y esa mesa está preparada para ellos. Usted puede reservarse el derecho de decirles cómo deben comportarse en ella, pero no tiene derecho a excluirlos.

Pregunto, entonces, ¿qué derecho tiene alguien a decirme, en nombre de una enseñanza bíblica, que pertenezco a una iglesia distinta de la iglesia apostólica del primer siglo? ¿Quién está autorizado para decirme que el fuego se ha atenuado en gloria y el poderoso brazo de Cristo es ahora un poder disminuido? Cuando leo el Nuevo Testamento, ¿a quién se le ha encargado que diga: «Pero esta parte no es para ti; esa porción no es para ti; esa promesa no es para ti?». ¿A quién se le ha dado el derecho de estar así a la puerta del reino de Dios haciendo tal cosa?

¡A nadie!

Cualquier tipo de enseñanza o exposición bíblica que me excluya de los privilegios y promesas del Nuevo Testamento es errónea. Cualquier persona que intente privarme de eso es un falso maestro.

Otra razón por la que no recibimos de Dios tanto como deberíamos es por el bajo nivel general de entusiasmo espiritual y el efecto escalofriante del mal ejemplo. Sería una tontería intentar negar cualquiera de las dos cosas.

Espero que nunca cunda el pánico cuando algún cínico anuncie: «¡Repudio a la iglesia cristiana por todas las cosas malas que sé sobre ciertas congregaciones!». Siempre hay gente que finge. Usted y yo hemos escuchado de casos de extravagancia carnal entre los que se profesan seguidores de Cristo. No se puede negar que tal comportamiento es siempre un obstáculo para la fe y que perturba la fidelidad por parte de los demás.

Ahora bien, los malos ejemplos son una cosa. Pero, ¿repudiaríamos a los doce apóstoles porque hubo un Judas? ¿O a los miles de devotos creyentes en Jerusalén porque había un Ananías y una Safira? ¿Repudiaríamos a Pablo porque hubo un Demas? ¡Ciertamente no!

Por mi parte, me niego a repudiar la asamblea de los santos solo porque de vez en cuando aparezca un mal ejemplo. Dudo que alguno de los que seguimos al Señor haya sido tan perfecto como para afirmar que nunca ha sido un mal ejemplo. ¡Pero el perdón y la restauración son parte de nuestro evangelio cristiano y de la vida victoriosa en el cuerpo de Cristo! Es la sangre del pacto eterno lo que limpia al pecador y fortalece al débil, proporcionando perdón y justificación mediante la misericordia y la gracia de Dios.

Lo que Dios ha limpiado, no lo llamemos inmundo nunca. Hay una fuente llena de sangre y, cualquiera que sea el pasado del hijo de Dios, su vida actual es revelada por el Espíritu como un hermoso regalo de Dios que testifica al Salvador en la comunión del cuerpo.

Cristo selló ese pacto eterno de gracia con su sangre cuando se dio a sí mismo en la cruz. Ese fue un pacto que no se puede romper. Es un pacto que nunca ha sido enmendado ni corregido.

El poder y las provisiones, las promesas y los dones que marcaron a la iglesia primitiva pueden pertenecernos en el presente. Si se lo permitimos, Cristo hará en nosotros y a través de nosotros lo que hizo en y a través de los creyentes comprometidos inmediatamente después de Pentecostés.

El potencial es nuestro. ¿Nos atreveremos a creer que los fieles creyentes cristianos pueden experimentar todavía una gran nueva ola de poder espiritual? Probablemente no suceda en toda la iglesia con sus diversiones y tonterías mundanas, pero seguramente llegará a aquellos que desean la presencia y la bendición de Dios más que cualquier otra cosa. Llegará a los creyentes humildes, fieles y devotos, quienesquiera que sean y dondequiera que estén.

Perdernos —en cualquier nivel— todo lo que Dios nos proporciona, es una tragedia, pura y simplemente. Ningún cristiano puede permitirse el lujo de perderse lo mejor de Dios. Confieso que quiero estar en tal condición espiritual que pueda compartir las bendiciones de Dios a medida que vengan, sin importar el costo.

Y quiero que usted, como seguidor de Cristo y en descendencia lineal de los apóstoles, cuando se reúna con sus hermanos en la fe en el Nombre para honrar la Presencia, también participe en toda su plenitud.

UNA ASAMBLEA DE SANTOS:

UNIDAD EN EL ESPÍRITU

En realidad, Dios colocó cada miembro del cuerpo como mejor le pareció

... mientras que los más presentables no requieren trato especial. Así Dios ha dispuesto los miembros de nuestro cuerpo, dando mayor honra a los que menos tenían, a fin de que no haya división en el cuerpo, sino que sus miembros se preocupen por igual unos por otros.

Ahora bien, ustedes son el cuerpo de Cristo, y cada uno es miembro de ese cuerpo.

1 CORINTIOS 12:18, 24-25, 27

igamos, en la manera más básica posible, que la iglesia cristiana es la asamblea de los santos redimidos. Y en lo que probablemente sea la enseñanza más esencial del Nuevo Testamento con respecto a Cristo y su iglesia, Pablo relaciona la vida y el servicio de la iglesia con una unidad que solo puede ser concretada por el Espíritu Santo.

Pablo les recordó específicamente a los creyentes corintios del primer siglo que «De hecho, aunque el cuerpo es uno solo, tiene muchos miembros, y todos los miembros, no obstante ser muchos, forman un solo cuerpo. Así sucede con Cristo» (12:12). Luego agregó:

> Todos fuimos bautizados por un solo Espíritu para constituir un solo cuerpo —ya seamos judíos o gentiles, esclavos o libres—, y a todos se nos dio a beber de un mismo Espíritu (12:13).

Ahora bien, en nuestra iglesia o asamblea local, nos damos cuenta de que no somos un fin *per se*. Si vamos a ser lo que deberíamos ser en la iglesia local, debemos llegar a pensar en nosotros mismos como parte de algo mucho más expansivo, algo que abarque nuestro mundo entero. Necesitamos ver a la iglesia, el cuerpo de Cristo, como un todo.

Hay un aspecto importante aquí en el que descubrimos cierta «pertenencia». Pertenecemos a algo que Dios ha creado, algo que es digno y valioso, algo que va a durar para siempre. Usted y yo no tenemos por qué avergonzarnos por querer pertenecer a la obra que Dios está haciendo a través de su iglesia.

La gente necesita sentir «que pertenece»

Los sociólogos y psicólogos hablan de la necesidad de pertenencia. Ellos afirman que un niño rechazado, uno que siente que no le importa a nadie, desarrollará rasgos mentales y nerviosos peligrosos. Esas pandillas juveniles que pululan en los vecindarios deambulando y aterrorizando nuestros centros urbanos provienen en gran parte de chicos de hogares en los que han sido rechazados. Muchos niños que viven en los guetos no recuerdan haber sido amados por su madre o su padre. De modo que encuentran una respuesta a su necesidad interior al integrarse a una pandilla a la que sienten que pertenecen. En su necesidad de «pertenencia» a otros, esos jóvenes han encontrado en tales grupos una nueva sensación de fortaleza y valía, por mal encaminada que sea.

Lo mismo ocurre con las personas en todos los ámbitos de la vida. El mismo anhelo yace tras la popularidad de las órdenes y sociedades secretas. Los hombres que son empujados por sus esposas o sumergidos y humillados por sus superiores en el trabajo pronto tienen la sensación de que carecen de un alma que puedan llamar suya. Debido a que necesitan un punto en el que puedan recuperar el respeto propio, se unen a una logia o sociedad fraternal. De esa manera sienten que «pertenecen» a algo.

Quizás haya visto la caricatura en la que la esposa bloqueaba la entrada de la casa mientras le decía a su esposo: «¡El gran jefe no puede salir esta noche porque yo no se lo permito!».

Unirse a algo o a alguien no es necesariamente malo. Los humanos somos sociables por naturaleza. No somos lobos solitarios, que vamos solos o viajamos en manadas pequeñas que se deshacen rápidamente. Somos ovejas. Las ovejas viajan juntas en rebaños y permanecen juntas toda la vida.

Sin embargo, nuestra preocupación en este momento es la iglesia, el cuerpo de Cristo. Puede que usted sea, probablemente lo sea, miembro de una congregación de su localidad, ¡pero también tiene la gozosa sensación de pertenecer a una extraordinaria hermandad de redimidos en todo el mundo! Esto es mucho más —y completamente diferente— que pertenecer a una orden, sociedad o grupo creado por el hombre.

Mi educación estadounidense ha hecho que sea difícil doblar mis rodillas, a menos que Dios las doble. No me puedo imaginar arrodillándome y jurando lealtad a alguna orden o grupo de una u otra sociedad secreta. Pero no me avergüenzo de querer pertenecer a algo bueno, grande y eterno: la iglesia de Jesucristo.

Somos gregarios por naturaleza

Ninguna persona en su sano juicio quiere estar o hacer las cosas por sí solo. El ermitaño, que vive solo en su ático, negándose a abrir la puerta, escabulléndose en la oscuridad para conseguir un poco de comida, es un hombre que está enfermo. No es normal. Una persona normal quiere caminar a la intemperie, mirar a otros de su clase y reflexionar en algo como: «¡Pertenezco a algo! Esta es mi carrera. Esta es mi gente. Hablan mi idioma. Esa bandera que está en la parte superior del edificio de la escuela es mi bandera. ¡Pertenezco aquí!». Esos sentimientos son necesarios para nuestro bienestar humano, para nuestra salud física y mental. Y es por eso que los niños no deseados y otras personas que se sienten rechazadas pueden desarrollar graves, e incluso peligrosos, rasgos de comportamiento.

Como cristianos, disfrutamos entonando canciones que hablan de la iglesia porque hemos llegado a pensar en nosotros mismos en relación con toda la iglesia de Cristo. Nuestros himnos repiten significativamente que somos la iglesia universal, el cuerpo completo de los redimidos. Jesucristo nos compró con su propia sangre. Somos la iglesia, parte ahora en el cielo y parte en la tierra. Somos «de todas las naciones, tribus, pueblos y lenguas» (Apocalipsis 7:9). Agradezco que soy parte de ese cuerpo que trasciende denominaciones, órdenes, fronteras políticas y cualquier otra división creada por el hombre.

Esta iglesia, sin embargo, abarca no solo a los verdaderos creyentes en la actualidad, sino también a los creyentes desde Pentecostés. Creo en una verdadera sucesión apostólica. No me refiero a una sucesión de obispos —hombres con nombres y organizaciones— sino a la perpetuación de esa verdadera iglesia de Cristo que inició en Pentecostés. Allí, el Espíritu Santo descendió sobre un cuerpo de creyentes y los hizo uno. Ahí se convirtieron en pueblo de Dios en un aspecto en el que ninguno de ellos lo había sido antes.

Este es un concepto bíblico importante. Cada cristiano, a lo largo de los siglos, tiene cierta relación con nosotros así como nosotros la tenemos con cada grupo de cristianos fieles en todo el mundo. ¡Somos uno! Cuando escucho algunas de las cosas buenas dichas o hechas por un cristiano, dondequiera que esté en nuestra tierra, acojo un sentimiento cálido en mi corazón. Esa palabra o ese acto se convierten en parte de mí, me pertenecen y yo soy parte de ello. No importa que nunca conozca al individuo en persona. La iglesia de nuestro Señor es una.

Pero aun más importante que nuestra relación con los creyentes en todo el mundo y a través de los siglos es nuestra relación con la Cabeza de la iglesia: Jesucristo.

Lo primero es lo primero

Un ministro de Chicago consiguió que su nombre apareciera en los periódicos debido a sus esfuerzos por persuadir a todos los miembros de su congregación a participar en unas elecciones y a votar. De modo que los buenos ciudadanos cristianos debían votar a instancias de lo que aconsejaba el pastor. Sin embargo, eso es un asunto privado, individual, de cada persona. No tengo la intención de acusar a los no votantes, excepto para recordarles que, en general, tenemos el tipo de líderes que nos merecemos. Me preocupan mucho más las relaciones de las personas con Dios y la continuidad de la vida espiritual de los creyentes. Antes de que hubiera demócratas y republicanos, conservadores y liberales, o frentes socialistas y cristianos, estaba Dios. Y antes de que los hombres y las mujeres conocieran el privilegio de votar, Dios ya estaba presente.

No tengo ninguna duda de que la relación de una persona con Dios debe ser lo primero, ¡absolutamente! Después de eso viene su relación con los demás, seguida de asuntos como el servicio a nuestro Señor y los hábitos de vida.

¿Y qué con la oración colectiva? Es un gran privilegio cristiano orar unos por otros dentro de cada cuerpo de la iglesia local y por otros creyentes en todo el mundo. Como ministro cristiano, no tengo el derecho de predicarles a las personas por las que no he orado. Esa es mi firme convicción.

A algunos les gusta eludir la palabra *deber*. Pero tengo el deber de orar por aquellos que se esfuerzan por caminar con Dios en la comunión de la iglesia. Un potrillo juguetón en el pasto no sabe nada sobre el deber. Pero la madre trabajadora y bien entrenada de ese potro en el arnés que tira de un carro o un arado está bien familiarizada con el deber. El potro solo conoce la libertad; el caballo de trabajo conoce el deber.

No puedo evitar preguntarme si nuestro desmedido deseo de libertad y nuestro extraño miedo al deber han tenido un efecto en la vida de la iglesia. La gente debe considerar que es un privilegio y un deber sagrado orar por su iglesia y por otros que están incluidos en la comunión de la fe cristiana.

Sé que hay quienes asisten a iglesias en las que nunca hay un llamado a orar o una invocación a participar en una oración eficaz por los demás. Los miembros de la iglesia pueden recitar el nombre de su congregación, la fecha en que se organizó y el papel que desempeña en la «comunidad religiosa». Pero eso no es suficiente. Estrictamente hablando, nadie puede crear un verdadero segmento del cuerpo de Cristo simplemente a través de la organización.

La organización no es mala

No quiero que me malinterpreten. Dentro de nuestras comunidades cristianas y en nuestros esfuerzos por evangelizar, debe haber necesariamente una organización apropiada. Pablo le escribió a Tito y le dijo que pusiera las cosas en orden con el objeto de designar hombres para las tareas dentro de cada comunidad. Por tanto, la organización tiene precedente bíblico. Pero usted no puede organizar una iglesia cristiana de la misma manera que organizaría un club de béisbol. En el béisbol se necesita un capitán, cierta cantidad de lanzadores, receptores, jugadores de cuadro, jardineros y entrenadores. Y gane o no el club algún partido, es un club de pelota organizado. Pero una iglesia cristiana no puede organizarse en ese sentido. Incluso después de la adopción de una constitución eclesiástica adecuada, es posible que en realidad no haya una iglesia como la del Nuevo Testamento. Quizás la iglesia neotestamentaria esté dentro de esa organización, pero esa organización no es la iglesia, porque la iglesia es la asamblea de los santos.

Ninguna congregación eclesial tiene derecho a sentir que al fin ha llegado a lo máximo y que está completamente madura. Cada congregación con un verdadero deseo por el conocimiento de Dios debe estar continuamente esforzándose, determinando sus propias necesidades y lo que debería ser para agradar al Señor. Debe continuar en el estudio de la Biblia para determinar lo que el Espíritu Santo quiere hacer en la vida de la iglesia orgánica y la manera en que el mismo Espíritu proporcionará el poder y las habilidades especiales para glorificar a Jesucristo.

Para lograr todo eso se requiere en sí mismo un don del Espíritu. Observe las palabras de Isaías:

Del tronco de Isaí brotará un retoño;
    un vástago nacerá de sus raíces.
El Espíritu del Señor reposará sobre él:
    espíritu de sabiduría y de entendimiento,
    espíritu de consejo y de poder,
    espíritu de conocimiento y de temor del Señor.

Él se deleitará en el temor del Señor;
    no juzgará según las apariencias,
    ni decidirá por lo que oiga decir,
sino que juzgará con justicia a los desvalidos,
    y dará un fallo justo en favor de los pobres de la tierra.
Destruirá la tierra con la vara de su boca;
    matará al malvado con el aliento de sus labios.
La justicia será el cinto de sus lomos
    y la fidelidad el ceñidor de su cintura.

—Isaías 11:1-5

Todo eso fue dicho por el profeta acerca de Jesús, el que iba a venir a Israel. Pero, ¿no debería esa descripción de la vida espiritual y el ministerio ser cierta también para todos los que por fe son miembros del cuerpo de Cristo?

De la cabeza a los pies

En el Antiguo Testamento, cuando el aceite de la unción se derramaba sobre la cabeza del sumo sacerdote, corría por todo su manto y fluía hasta sus pies, perfumando todo su cuerpo. De modo que el gran poder que fue derramado sobre Jesús como Cabeza de la iglesia debe fluir hacia cada miembro de su cuerpo. Lo que era cierto con respecto a Jesús, nuestro Señor, debería serlo también con los clérigos y laicos que ministran su gracia y su verdad en la actualidad.

> El Espíritu del SEÑOR reposará sobre él:
>   espíritu de sabiduría y de entendimiento,
>   espíritu de consejo y de poder,
>   espíritu de conocimiento y de temor del SEÑOR.
>
> Él se deleitará en el temor del SEÑOR;
>   no juzgará según las apariencias,
>   ni decidirá por lo que oiga decir,
> —ISAÍAS 11:2-3

Qué mensaje tan poderoso del profeta para nuestro día.

[Él] no juzgará según las apariencias.
—ISAÍAS 11:3

La maldición de los líderes cristianos modernos es su propensión a mirar a su alrededor y orientarse espiritualmente por lo que ven, más que por lo que el Señor ha dicho.

> ... ni decidirá por lo que oiga decir.
>
> —ISAÍAS 11:3

¿No es esto lo que somos propensos a hacer en el liderazgo de la iglesia? ¿No escuchamos para saber en qué dirección se mueven los demás y actuamos en consecuencia? Pero el Espíritu de Dios no nos lleva a ese error nunca.

> Sino que juzgará con justicia a los desvalidos,
>> y dará un fallo justo
>> en favor de los pobres de la tierra.
> Destruirá la tierra con la vara de su boca;
>> matará al malvado con el aliento de sus labios.
> La justicia será el cinto de sus lomos
>> y la fidelidad el ceñidor de su cintura.
>
> —ISAÍAS 11:1-5

Guiados por el Espíritu de Dios, los miembros del cuerpo de Cristo siempre serán rectos en espíritu, rectos en su sabiduría, rectos en su juicio. No serán juzgados —no se permitirá que los juzguen a sí mismos— sobre la base de lo que está sucediendo actualmente a su alrededor.

Dios quiere hacer algo nuevo

Dios quiere hacer algo nuevo y bendito para cada creyente que tiene el deseo de conocerlo mejor. Sé que se requiere mucha paciencia, perseverancia y audacia para encontrar y seguir la voluntad de Dios en este día. Últimamente ha habido un renacimiento en muchas iglesias. No veo ninguna razón por la que no deba fluir hacia afuera y hacia abajo, hacia arriba y hacia atrás, ¡hasta que todos estemos nadando en él!

En las asambleas de nuestra iglesia local nos mezclamos unos con otros, adoramos al Señor Jesucristo. Confesamos que todos los privilegios y responsabilidades que descansan sobre nosotros una vez reposaron sobre esos creyentes en Pentecostés. El plan y las promesas de Dios para sus hijos creyentes no han disminuido en lo más mínimo. En ninguna parte de la Palabra de Dios hay un texto que pueda ser tergiversado para enseñar que la iglesia viva de Jesucristo —justo antes de su regreso— no tendrá todos los derechos, todos los poderes, todas las obligaciones que tuvo en Pentecostés.

Por mi parte, estoy decidido a no capitular ante los tiempos en que vivimos. Es probable que tengamos que ponernos fuertes con esto. En el poder del Espíritu debemos decir: «¡No me rindo y no me rendiré al tiempo en que vivo!». Podemos decirle eso a nuestro Señor, a nosotros mismos y, a veces, hasta por encima de nuestros hombros al diablo.

El fiel cuerpo de Cristo no se rendirá a los caminos del mundo ni siquiera a los más comunes de la religión que nos rodea. Los creyentes fieles no sucumbirán a la tentación de juzgarse a sí mismos por lo que hacen los demás. Tampoco permitirán que sus asambleas sean juzgadas o que su vida espiritual sea afectada por las actitudes de los demás. Estarán felices y continuarán regocijándose por el hecho de que han tomado la norma del Nuevo Testamento como su regla.

No es suficiente que una iglesia local simplemente tenga la etiqueta de ortodoxa. Todos los que amamos a nuestro Señor Jesucristo enfrentamos grandes cambios en este período previo

a su regreso. Debemos volver a experimentar el tipo de avivamiento espiritual que resultará en un nuevo poder moral, una
nueva voluntad de separarnos del mundo, una nueva pureza de
corazón, una nueva concesión de los dones del Espíritu Santo
de Dios.

La alternativa: abandonar

Si no estamos dispuestos a hacer eso, creo que Dios —de alguna manera— levantará a otros para que lleven la antorcha. Si
no regresamos con paso firme a las raíces mismas de nuestra fe
cristiana, la enseñanza y la vida cristiana, ¡Dios nos va a dejar!
Nos ignorará como un granjero trata con las cáscaras de huevo
vacías. Las saca y las entierra, así como nosotros enterramos a
los muertos después de que el espíritu se les ha ido.

Hubo un día en que los líderes de Israel, creyendo en la
perpetuidad del lugar de su nación bajo el sol, se jactaron ante
Jesús: «Nosotros somos descendientes de Abraham —le con-
testaron—, y nunca hemos sido esclavos de nadie. ¿Cómo puedes decir que seremos liberados?» (Juan 8:33). Dijeron: «Un
solo Padre tenemos, y es Dios mismo» (8:41). Pero Jesús respondió que los verdaderos descendientes de Abraham eran los
que hacían las obras de Abraham (8:39), que *su* padre no era
Abraham, sino el diablo (8:44).

Los líderes judíos miraron con orgullo su hermoso y enorme
templo y le dijeron a Jesús: «En cuarenta y seis años fue edificado
este templo, ¿y tú en tres días lo levantarás?» (2:20 RVR1960).
Pero Jesús predijo un día venidero en el que no quedaría piedra
sobre piedra (Mateo 24:2). Eso, por supuesto, sucedió cuando el
emperador romano envió sus legiones contra Jerusalén. Nunca
habían escuchado esas palabras proféticas de Jesús, pero él era

el medio para su cumplimiento en el programa de Dios. Aquel había sido un templo sagrado para los judíos, pero los conquistadores romanos derribaron cada una de sus piedras.

Dios puede tratar despiadadamente con las naciones, con los hombres y con las religiones y templos favoritos de los hombres. No hay grupo religioso ni organización eclesiástica en el mundo que Dios no abandone si deja de cumplir su voluntad divina. Las túnicas eclesiásticas no son lo suficientemente impresionantes ni las cruces de oro lo suficientemente pesadas ni los títulos lo suficientemente significativos como para salvar a la iglesia una vez que deja de cumplir la voluntad de Dios entre los hombres, los pecadores que necesitan la noticia transformadora del evangelio de Cristo.

El Dios que los resucitó en los siglos pasados se alejará a menos que continúen cumpliendo la misericordiosa voluntad de Dios, siguiendo para conocer al Señor, caminando con humildad y mansedumbre en la fe y el amor. Las multitudes no impresionan al Todopoderoso. El tamaño no es un asunto importante para él. Él convertirá su bendición en alguna pequeña misión, en un pueblo de corazón sencillo en algún lugar cuya mayor posesión sea el deseo de amarlo y obedecerlo.

Estoy hablando aquí de organizaciones, no de miembros individuales. Dios nunca deja ni abandona a sus hijos creyentes. Pero ciertamente creo que Dios ha levantado la nube y el fuego de su presencia de las iglesias que lo abandonaron a él y a su Palabra eterna.

Puede que nos falte todo lo demás, pero debemos tener la nube y el fuego de la presencia de Dios. Debemos tener la legitimación y el poder del Espíritu Santo. Debemos tener el resplandor de la gloriosa Shekina: Dios con nosotros. De modo que, aunque carezcamos de todo lo demás, ¡aun así tendremos una verdadera iglesia!

CAPÍTULO 6

EL PROPÓSITO ETERNO DE DIOS:

CRISTO, CENTRO DE TODAS LAS COSAS

Todavía estaban ellos hablando acerca de esto, cuando Jesús mismo se puso en medio de ellos y les dijo:

Paz a ustedes.

—LUCAS 24:36

C ontrario a la opinión de muchos, el cristianismo nunca tuvo la intención de ser un «sistema ético» encabezado por Jesucristo. Nuestro Señor no vino a la tierra para estrenar un nuevo sistema religioso. Llegó a ser nuestra religión, y me atrevo a decirlo de esa manera. Vino con un propósito eterno. Llegó a ser el centro de todas las cosas.

Jesús vino en persona, encarnado, para ser la salvación de Dios hasta los confines de la tierra. No vino simplemente a delegar en otros el poder de sanar o bendecir. Él vino a ser la bendición, porque toda la bendición y la plena gloria de Dios se encuentran en él.

Debido a que Jesucristo es el centro de todas las cosas, nos ofrece liberación mediante su toque personal y directo. Esta no es una interpretación de un solo hombre ni mucho menos una exclusividad mía. Es la enseñanza básica de la salvación a través del Mesías-Salvador. Enseñanza que yace en toda la Biblia. Jesucristo vino a un mundo religiosamente complejo. Podríamos compararlo con una jungla religiosa. Justo dentro de las fronteras de su propia nación, la gente estaba agobiada por una multiplicidad asfixiante y confusa de deberes, rituales y observancias. Solo Israel, era una jungla oscura llena de reglas creadas por el hombre.

En esa oscuridad vino la verdadera Luz que ilumina todo. Debido a que resplandeció tan intensamente, disipando las tinieblas, pudo decir y enseñar: «Yo soy la luz del mundo» (Juan 8:12). Llegó en la plenitud de los tiempos para ser la salvación de Dios, la cura divina para todo lo que estaba mal en la raza humana. Vino a liberarnos de nuestros desórdenes morales y espirituales, así como de nuestros propios remedios fallidos.

La religión es una de las cargas más pesadas que jamás se haya impuesto a la humanidad. La gente la ha estado usando desde siempre como una especie de automedicación. Conscientes de sus propios desórdenes morales y espirituales, prueban una dosis de religión, esperando mejorar con su tratamiento automedicado.

La humanidad lo ha intentado todo

A menudo me pregunto si existe algún tipo de autocuración o medicación humana que la gente no haya probado en sus esfuerzos por recuperarse y ganar mérito. En la India, se puede ver a millones de peregrinos postrados en el suelo, arrastrándose como pequeños gusanos en dirección al río Ganges, con la esperanza de que un chapuzón en las aguas sagradas los libere del peso de la culpa.

Innumerables personas han tratado de lidiar con la culpa absteniéndose de comer, de beber y mediante otras formas de abnegación. La gente se ha torturado a sí misma, vistiendo camisas espinosas, caminando con púas, corriendo sobre brasas. Otros han evitado la sociedad, escondiéndose en cuevas, viviendo en monasterios, esperando ganar algún mérito que compense su naturaleza pecaminosa y los acerque más a Dios. Incluso en nuestros días y en nuestra propia tierra, los intentos de automedicación continúan. La gente no reconoce que la cura para lo que les aflige ya llegó, está con nosotros.

Simeón, el anciano de Dios que había esperado toda una vida por el Mesías, ¡sabía que la Cura había llegado! Cuando vio a José, a María y al niño Jesús en los atrios del templo, tomó al pequeño Jesús entre sus brazos y exclamó:

«Según tu palabra, Soberano Señor,
ya puedes despedir a tu siervo en paz.
Porque han visto mis ojos tu salvación».
—LUCAS 2:29-30

Entonces, repito, es Jesucristo mismo a quien ofrece el cristianismo. ¡Y eso basta! La relación de una persona con Jesucristo es el asunto más importante en esta vida. Y ese hecho es tanto una buena como una mala noticia. Es buena noticia para todos los que han conocido al Salvador, los que lo aprecian íntima y personalmente. Es mala noticia para aquellos que esperan llegar al cielo de otra manera.

En el texto bíblico con el que comenzó este capítulo, Jesús les está diciendo a sus seguidores: «Paz a ustedes». Habló esas palabras a los once discípulos restantes y a los que estaban con ellos la tarde de su resurrección. Los dos seguidores a los que Jesús se les unió en el camino a Emaús habían regresado a la compañía de los discípulos en Jerusalén para informar de la gozosa revelación. Antes de que pudieran abrir la boca, los de Jerusalén ofrecían voluntariamente su propio anuncio con alegría: «El Señor ha resucitado, y se ha aparecido a Simón» (Lucas 24:34). Mientras los discípulos de Emaús y los discípulos de Jerusalén intercambiaban experiencias, «Jesús mismo se puso en medio de ellos y les dijo: Paz a ustedes» (24:36).

Jesús es nuestra paz

La explicación en las palabras de los ángeles es hermosa: «...y en la tierra paz a los que gozan de su buena voluntad» (Lucas 2:14). Los ángeles podían hacer tal declaración solo porque era Jesús quien había venido. Él es nuestra paz. Gracias a él, los ángeles pudieron anunciar: «Paz en la tierra».

Esta porción de la Escritura ilustra el método de Jesús para impartir salud, directa y personalmente. Cristo estaba en el medio, en el centro, y podía ocupar ese lugar porque es Dios. Es espíritu, atemporal, sin espacio, supremo. Él es todo y en todos. Por lo tanto, podía estar en el centro. Es el eje de la rueda —para tomar prestada una ilustración antigua y muy usada— alrededor de la cual gira todo lo demás. Hace siglos alguien dijo que Cristo es como el eje y que todo lo creado está en el borde de la rueda. Esa declaración me recuerda lo que dijo uno de los antiguos padres de la iglesia: «Todo lo que existe está igualmente distante de Jesús e igualmente cercano a él». Cuando Jesucristo tiene el lugar que le corresponde como centro, todos estamos igualmente cerca o igualmente lejos de él.

Jesús está en el medio y, como eso es cierto, es accesible desde cualquier lugar de la vida. Estas son buenas noticias, extraordinarias buenas noticias.

Jesucristo está en el centro de la *geografía*. Por tanto, nadie puede reclamar ventaja con Cristo debido a su ubicación.

En la época de las históricas cruzadas, muchos creían que podían ganar mérito haciendo una peregrinación a los mismos lugares donde Jesús había estado durante su peregrinaje en la tierra, particularmente al sepulcro donde había sido depositado su cuerpo.

Cuando Pedro el Ermitaño, anciano y descalzo, azotó a toda Europa en un intento que instigó el inicio de las Cruzadas, se fijó el objetivo de liberar una tumba de la que Jesucristo había salido más de un milenio antes. Los cruzados sintieron que si podían arrebatarles esa tumba vacía a los musulmanes, lograrían una gran victoria. Hoy la gente todavía está fascinada por la tumba donde supuestamente yacía Jesús.

¡Él no está ahí!

¿Por qué somos tan espiritualmente obtusos? ¿No hemos escuchado las palabras de Jesús? Él dijo: «Créeme, mujer, que se acerca la hora en que ni en este monte ni en Jerusalén adorarán ustedes al Padre. Ahora ustedes adoran lo que no conocen; nosotros adoramos lo que conocemos, porque la salvación proviene de los judíos. Pero se acerca la hora, y ha llegado ya, en que los verdaderos adoradores rendirán culto al Padre en espíritu y en verdad, porque así quiere el Padre que sean los que le adoren. Dios es espíritu, y quienes lo adoran deben hacerlo en espíritu y en verdad» (Juan 4:21-24).

Me pregunto por qué los cruzados no consideraron eso. ¿Por qué toda esa hambre, ese sufrimiento, esa sangre? ¿Por qué las largas y fatigosas caminatas para llegar al lugar donde nació Jesús, donde fue crucificado, donde murió? No hay ninguna ventaja geográfica en ningún lugar del mundo. Ninguno de nosotros será mejor cristiano viviendo en Jerusalén. Y ninguno de nosotros está en desventaja espiritualmente por vivir lejos de Judea o Galilea.

Jesucristo está en el centro mismo de la geografía. ¡Cada lugar está tan cerca de él como cualquier otro! Y todos los lugares también están lejos. La geografía no significa nada en nuestra relación con nuestro Salvador y Señor.

Los predicadores han gastado grandes cantidades de dinero por la sola idea de que pueden predicar mejor si visitan Tierra Santa. Así que pasan a contemplar Jerusalén, Belén, Nazaret y Capernaum. Y cuando regresan, simplemente tienen algunas historias más que contar. En realidad, moralmente no son mejores y sus audiencias no son moralmente mejores. Creámoslo: ¡Jesús es el eje y la geografía lo rodea!

Cristo no solo es el centro de la geografía, sino que debemos llegar a la conclusión de que también es el centro del *tiempo*. Muchos desean con nostalgia haber estado viviendo en Palestina cuando Jesús estuvo en la tierra. En la escuela dominical solíamos entonar una canción en ese sentido:

Cuando leí esa dulce historia, cuando Jesús estaba entre los hombres, cómo llamaba a los pequeños cual corderos a su redil, me hubiera gustado estar con él entonces.

Las personas que entonaban esa canción han sembrado muchas lágrimas. Pero, ¿sabías que los que estaban con Jesús cuando andaba por las montañas de Judea y las costas de Galilea no se sintieron tan bien como diez días después de que los dejó? Diez días después de su ascensión, envió al Espíritu Santo, y los discípulos que comprendieron solo parcialmente mientras estaban con Jesús, de repente conocieron el plan de Dios como en un resplandor de luz.

¡Líbranos de la miopía!

Aun así, la gente dice: «Me hubiera gustado haber vivido en el tiempo de Cristo». ¿Por qué? Había hipócritas, fariseos y opositores en el tiempo de Cristo. Había incrédulos y asesinos. No habría encontrado nada mejor hace 2000 años. Aquellos que piensan en el pasado con nostalgia creyendo que eran mejores tiempos, ¡necesitan ser liberados de tal miopía!

Considere también que Jesucristo es el centro de la *raza humana*. No favorece una raza ante otra. Jesucristo es el Hijo del Hombre. No es solo el Hijo de la raza judía. Es el Hijo de todas las razas, cualquiera sea el color de piel o el idioma que hable. Cuando se presentó en carne mortal, no fue simplemente en el cuerpo de un judío, sino en un cuerpo que se adaptaba a toda la raza humana.

Usted puede ir al Tíbet o a Mongolia, puede ir a los indios de América del Sur, los musulmanes de Irán, las tribus de África occidental, los escoceses de Glasgow y predicar a Jesucristo. Si hay fe y voluntad de seguirlo, Jesús los traerá a su comunión. Todos están en la orilla, igualmente lejos, igualmente cerca.

Cristo también está en el centro de todos los *niveles culturales*. Esa es la razón por la que mi iglesia, Alianza Cristiana y Misionera, tiene la filosofía misionera que le da nombre. Los misioneros de la Alianza no van primero a un país para educar a la gente y luego predicarles a Cristo. ¡Ellos saben más que eso! Saben que Jesucristo está tan cerca de un isleño iletrado como de un erudito estadounidense o británico. Predique a Cristo y muestre el amor de Dios a las personas más primitivas y abandonadas del mundo. De modo que tenga paciencia hasta que el Espíritu Santo les dé entendimiento. Sus corazones se despertarán. El Espíritu iluminará sus mentes. Aquellos que lleguen a la fe en Jesús serán transformados. Es algo hermoso de ver y se está demostrando una y otra vez en el mundo de hoy. En partes de Indonesia, por ejemplo, las llamadas personas de la edad de piedra, de la que solo una generación se alejó del canibalismo, están naciendo de nuevo con la misma rapidez que las personas con títulos universitarios. Está tan cerca de Jesús en la jungla como desde los pasillos cubiertos de hiedra.

El centro de nuestros años

Cristo también está en el centro de todos nuestros *años de vida humana*. Jesús está tan cercano a nosotros a los ochenta años como a los ocho; tan cercano a los cincuenta como a los cinco. Por supuesto, se nos dice que a medida que envejecemos somos más difíciles de alcanzar a Dios, y la probabilidad de que nos volvamos a Cristo disminuye. Pero nuestra capacidad de acercarnos a Jesús, la distancia que nos separa de Dios, no es mayor cuando tenemos noventa años que cuando somos jóvenes.

Para el cristiano, nuestro Señor está en el centro de todas nuestras experiencias, listo para manifestar su bendición y su paz. Una experiencia es la conciencia de las cosas que suceden a nuestro alrededor. Un bebé recién nacido no tiene experiencia porque no tiene conciencia. Él o ella es solo un pequeño extraño en nuestro mundo. Pero ese bebé aprende rápido, ¡y empieza por descubrir que con el llanto llama la atención!

El hombre o la mujer que viven hasta los cien años realmente han tenido algunas experiencias. Pero si la persona ha vivido toda su vida en las colinas y rara vez ha salido, es posible que tenga un campo de experiencia limitado. Por el contrario, el viajero bien educado con un amplio círculo de amigos tiene experiencias tan vastas que es un misterio cómo su cerebro puede archivar tanto para memorias y referencias futuras.

Sin embargo, pregunto, ¿quién está más cerca de Jesús? ¿Tiene el niño con poca experiencia alguna ventaja sobre la persona con mucha experiencia? ¡No hay diferencia! Jesucristo se encuentra en medio de las experiencias de la vida y cualquiera puede alcanzarlo, sin importar quién sea. Jonathan Edwards, ese poderoso predicador de Nueva Inglaterra del siglo dieciocho, se convirtió cuando tenía solo cinco años. Escribió: «Nunca me descarrié. Seguí adelante».

Considere al niño Samuel y al anciano sacerdote, Elí. Samuel pudo haber tenido doce años. Elí tenía noventa y ocho. ¿Qué experiencias había tenido el niño? Algunas, sin duda. Pero no comparado con las de Elí. Este había recorrido toda la escala, la gama de posibilidades humanas. Sin embargo, la distancia de Dios no fue diferente para el joven Samuel —con poca experiencia—, que para Elí, que había descubierto a través de los años de qué se trataba la vida.

Cuando Jesús fue crucificado, como recordará, el letrero que se colocó sobre su cabeza y que decía: «Jesús de Nazaret, el Rey de los judíos», estaba escrito en tres idiomas: hebreo, griego y latín. Alguien ha señalado que, al arreglar soberanamente ese detalle, Dios abarcó al mundo entero. Hebreo por la religión, griego por la filosofía y latín por la destreza militar de Roma. Todas las posibilidades de la experiencia humana a escala mundial estaban envueltas en esos tres idiomas.

Nadie contaba con la ventaja de la cercanía

El Hijo de Dios estaba tan cerca de los soldados romanos como del maestro hebreo Nicodemo, que dijo: «Rabí —le dijo—, sabemos que eres un maestro que ha venido de parte de Dios, porque nadie podría hacer las señales que tú haces si Dios no estuviera con él» (Juan 3:2). Y fue igual de cercano para Dionisio que para Damaris, los intelectuales griegos atenienses que creyeron después de que Pablo se dirigió a la reunión del Areópago (Hechos 17:34).

Como el mundo de ese tiempo, todavía tenemos religión, cultura, filosofía, política y militares. Todo parece caer en algún lugar dentro de esos paréntesis. Jesucristo fue crucificado en el mismo centro de nuestro mundo humano. Así que es tan fácil llegar a él desde la torre de marfil del filósofo como desde el santuario del sacerdote. Es tan fácil para el soldado uniformado o el líder político llegar a él como para el pensador de entre sus grandes libros.

Jesús nuestro Señor está en medio para que nadie pueda reclamar ventaja. Doy gracias a Dios porque nadie puede intimidarme ni alejarme de él. Nadie puede menospreciarme diciendo: «Ah, pero tú no lo sabes». Lo han intentado. Sonríen cuando lo dicen y yo les devuelvo la sonrisa y pienso: *Tú eres el que no sabe, ¡porque yo sé!* Sé que puedo llegar a Jesús tan rápido desde donde estoy como cualquier otra persona.

Einstein, con su gran mente, podría haber llegado y tocar a su Mesías si lo hubiera querido. Hay muchos en Estados Unidos que no saben ni leer ni escribir. Einstein y el hombre o la mujer que hace una X para firmar están en la misma categoría en lo que respecta a Jesús. Ambos son iguales, están en la orilla. Nadie puede decir sinceramente que tiene una ventaja sobre otra persona.

Usted pregunta: «Si ese es el caso, ¿por qué no todos se acercan a Jesús?».

Por su terquedad imperdonable.

Por incredulidad.

Porque están preocupados por otras cosas.

Porque realmente no creen que necesitan de él.

Millones le dan la espalda a Jesucristo porque no confiesan su necesidad. Si Dios el Espíritu Santo le ha ayudado a percatarse de su necesidad, tengo buenas noticias para usted. Puede acudir a Jesucristo con fe. Puede tocarlo. Puede sentir su poder fluyendo para ayudarle, sea quien sea, cualquiera que sea su posición en la vida.

Jesús no vino solo a salvar a personas instruidas. Vino a salvar a los pecadores. No vino a salvar a los blancos. Vino a salvar a la gente, sea cual sea su color de piel. No vino a salvar a niños y jóvenes solamente. Vino a salvar a personas de todas las edades.

Jesús está en medio, tan cerca de usted como de cualquier otra persona. Quiere bendecirle con su paz. ¡Y lo más importante en cuanto a Jesús es que puede alcanzarlo desde donde usted esté!

CAPÍTULO 7

EL CREYENTE QUE FALLA:

DIOS TIENE EL REMEDIO

Mis queridos hijos, les escribo estas cosas para que no pequen. Pero, si alguno peca, tenemos ante el Padre a un intercesor, a Jesucristo, el Justo. Él es el sacrificio por el perdón de nuestros pecados, y no solo por los nuestros, sino por los de todo el mundo.

—1 JUAN 2:1-2

Hay una enseñanza clara a lo largo del Antiguo y el Nuevo Testamento sobre la voluntad de Dios en cuanto a perdonar y olvidar nuestros pecados. Pero hay segmentos de la iglesia cristiana que parecen estar mal enseñados con respecto al remedio de Dios a través de la expiación por el creyente que ha cedido a la tentación y le ha fallado a su Señor.

Es importante que sepamos cómo animar y tratar con el discípulo que, afligido y abrumado por la culpa, clama con total abatimiento y miseria de alma: «¡Me rindo! ¡Abandono! Es inútil. ¡Soy peor que el resto de las personas!».

En todo caso, ¿por qué perdona Dios el pecado?

Dios perdona el pecado porque sabe que es la sombra que se interpone entre él y su máxima creación, la humanidad. Dios está más dispuesto que nosotros a quitar esa sombra. Quiere perdonarnos; ese deseo es parte de su carácter.

La Palabra de Dios me da la bendita autoridad para anunciar que todos los hijos de Dios —los creyentes— tienen un remedio para la culpa del pecado. «¡Trae tu sacrificio! ¡Trae tu sacrificio!», urge el Antiguo Testamento.

En el modelo veterotestamentario del perdón, el judío tenía que ofrecer una cabra (Levítico 4:28). En esta era de la iglesia, el cristiano del Nuevo Testamento seguramente sabe que no puede traer más ofrenda que su confianza en el Cordero eterno de Dios, ofrecido eficazmente una vez y para siempre.

Juan no excusa el pecado

Sin mucho ejercitar la imaginación, cualquiera puede afirmar que el apóstol Juan estaba excusando el pecado cuando escribió esta importante primera carta. En realidad, sus párrafos se alzan a condenar todo lo malo. Trasmiten el mensaje de un Dios que odia el pecado. Pero bajo la inspiración del Espíritu Santo, Juan asume una posición consciente e indica lo que nuestro Señor ha hecho para hacer posible que los creyentes débiles y vacilantes encuentren perdón y seguridad en su vida cotidiana.

El apóstol no sugiere una postura teórica para los creyentes. No está haciendo conjeturas sobre cómo deberían ser las cosas. Él toma las cosas como las encontró y las trata en base a su realidad. Juan fue un padre en la fe cristiana y tenía una amplia experiencia con los seres humanos, particularmente con los redimidos. Con la guía del Espíritu Santo, este apóstol maduro aconseja a los creyentes en Cristo que sean conscientes de su dependencia del Señor momento a momento. Podemos contar con ello: en el curso de nuestras vidas nunca habrá un momento en el que al menos la posibilidad de pecar no se presente.

El lenguaje de Juan no puede interpretarse como un estímulo para que los que están en el reino de Dios pequen negligente o voluntariamente. Más bien, señala una especie de clínica espiritual para el cristiano que se mete en problemas.

En nuestros grandes complejos fabriles e industriales, es común encontrar clínicas o enfermerías mantenidas por las empresas para sus empleados. ¿Están esas empresas promoviendo con ello los accidentes y las enfermedades? No. Pero en base a las estadísticas de toda la industria, esas empresas pueden predecir aproximadamente cuántos accidentes y cuántas enfermedades habrá entre sus empleados en un periodo determinado. Reconociendo la situación humana y conociendo las estadísticas, de manera real, ellas prevén las necesidades anticipadas.

De modo que Juan no está brindando un estímulo para pecar. En efecto, lo que está diciendo es: «Ten cuidado y no peques. Pero *si* pecas, tienes un Abogado para con tu Padre Dios». Ese Abogado, ese representante, es Jesucristo, el Justo.

Juan continúa asegurándonos que Jesús es el sacrificio expiatorio definitivo por nuestros pecados. Luego agrega un hermoso y amplio paréntesis: «No solo por los nuestros [pecados], sino también por los pecados de todo el mundo» (1 Juan 2:2).

De paso, noto que esta idea en cuanto a la «clínica» fue instituida en la época del Antiguo Testamento. Regrese a Levítico 4 con el fin de conectar los planes para dar perdón en el Antiguo y el Nuevo Testamento. Verá que el mismo Espíritu Santo proporcionó la inspiración en toda la Biblia. Y el mismo Cristo eterno resplandece en cada página y en cada capítulo.

Dios ha provisto una «clínica»

Levítico 4 habla de una «clínica» espiritual proporcionada para el pueblo de Israel, el cual se había infectado con el mal y la perversidad. Incluso en ese período de la ley, Dios ofreció un remedio inmediato y eficaz para aquellos que no cumplían sus mandamientos. Note lo que se les dijo que hicieran con respecto al pecado:

> «Si el que peca inadvertidamente es alguien del pueblo, e incurre en algo que los mandamientos del Señor prohíben, será culpable. Cuando se le haga saber que ha cometido un pecado, llevará como ofrenda por su pecado una cabra sin defecto. Pondrá la mano sobre la cabeza del animal, y lo degollará en el lugar donde se degüellan los animales para el holocausto. Entonces el sacerdote tomará con el dedo un poco de la sangre y la untará en los cuernos del altar del holocausto, después de lo cual derramará el resto de la sangre al pie del altar. Luego le

sacará al animal toda la grasa, tal y como se le saca la grasa al sacrificio de comunión, y el sacerdote la quemará toda en el altar, como aroma grato al SEÑOR. Así el sacerdote hará expiación por él, y su pecado le será perdonado».

LEVÍTICO 4:27-31

Primero, tenga en cuenta que algunos errores se pueden cometer inadvertidamente o por ignorancia. La palabra *inadvertidamente* no debería hacer que se imagine a una persona de corazón sincero e ingenua que acaba de pecar por accidente. En realidad, debemos enfrentar el hecho de que aquí hay una persona negligente, una que quizás ha descuidado las Escrituras y sus advertencias. Esa persona lo que ha hecho es seguir la intención de su corazón engañoso y ha pecado contra los mandamientos del Señor. Pero, por dicha, ¡a Dios le interesa esa persona! Dios ha provisto un remedio para el acto pecaminoso que la persona comete por negligencia.

En Levítico 4, el remedio de Dios para el pecado y las malas acciones fue provisto para varias categorías de individuos dentro de Israel. El versículo 3 habla del «sacerdote ungido» que peca. Ojalá no tuviera que estar registrado por escrito, pero me alegro de que así sea. Esos líderes religiosos eran humanos e imperfectos. La piadosa Santa Teresa confesó que se sentía la más pequeña de todos los cristianos puesto que leyó acerca de los grandes santos cristianos que la precedieron, los que —desde el día en que se convirtieron a Cristo— vivieron con tanto fervor a Dios que ya no le causaban ningún dolor a él por pecar. Ella escribió: «No puedo decir eso. Tengo que admitir que entristecí a Dios después de convertirme, lo cual me hace menos que ellos».

Los otros no eran mejores

Su humilde reconocimiento es conmovedor. Pero si se supiera la verdad sobre algunos de esos santos, ¡la confesión de ellos sería igual a la de Teresa!

Ojalá fuera posible ungir la cabeza de cada predicador cristiano para que nunca vuelva a pecar mientras el mundo siga en pie. Quizás algunos considerarían esto una forma feliz de abordar el tema. Pero, de hecho, si una persona pudiera evadir la posibilidad de pecar, sería como una especie de robot accionado por poleas, ruedas y pulsadores. Una persona moralmente incapaz de hacer el mal sería, del mismo modo, moralmente incapaz de hacer el bien. El libre albedrío es necesario para aplicar el concepto de moralidad. Insisto: si nuestra voluntad no es libre para hacer el mal, tampoco lo es para hacer el bien.

Por eso no puedo aceptar la premisa de que nuestro Señor Jesucristo no pudo pecar. Si no podía pecar, entonces la tentación en el desierto fue una farsa, y Dios era parte de ella. No es el caso. Como ser humano, *pudo* haber pecado, pero el hecho de que *no pecaría* lo marcaba como el santo hombre que era.

No es la incapacidad para pecar lo que hace santa a una persona, sino su indisposición para pecar. Una persona santa no es la que no puede pecar, sino la que no peca.

Una persona veraz no es aquella que no puede hablar. Es alguien que puede hablar y mentir, pero no hará esto último. Una persona honesta no es aquella que está en la cárcel, donde no puede ser deshonesta. Una persona honesta es aquella que es libre de ser deshonesta, pero no lo es.

El sacerdote al que se refiere el Antiguo Testamento, apartado para servir a sus compañeros israelitas y representarlos ante el Señor, tenía el potencial de volverse impío a través del pecado. Si no hubiera sido más que un robot, incapaz de pecar, nunca habría comprendido las necesidades y la culpa de las personas a las que servía. Nunca podría haberse involucrado en dificultades y problemas. Un médico que nunca ha sentido ningún dolor seguramente nunca podría compadecerse de un paciente enfermo y que sufre.

Sin embargo, ¿qué iba a hacer el sacerdote pecador? ¿Debía rendirse al desánimo? ¿Debía resignarse al fracaso? ¡No! Había un remedio. ¿Y qué pasa con los ministros y todos los siervos de Dios en la actualidad? En un momento de tentación y fracaso, ¿deberían simplemente renunciar? ¿Deberían escribir una carta de renuncia y marcharse diciendo: «No soy un Agustín ni un Wesley; por tanto, me rindo»? No, si están conscientes de lo que dice la Palabra de Dios, buscarán el remedio de Dios.

El remedio del Antiguo Testamento

El remedio para el líder espiritual del Antiguo Testamento era muy claro:

> «Si el que peca es el sacerdote ungido, haciendo con ello culpable al pueblo, deberá ofrecer al SEÑOR, como sacrificio expiatorio por su pecado, un novillo sin defecto. Llevará el novillo ante el SEÑOR, a la entrada de la Tienda de reunión, e impondrá la mano sobre la cabeza del novillo, al que degollará en presencia del SEÑOR. El sacerdote ungido tomará un poco de la sangre del novillo y la llevará a la Tienda de reunión. Mojará el dedo en la sangre, y rociará con ella siete veces en dirección a la cortina del santuario, en presencia del SEÑOR. Después el sacerdote untará un poco de la sangre en los cuernos del altar

del incienso aromático, que está ante el Señor, en la
Tienda de reunión. El resto de la sangre del novillo
la derramará al pie del altar del holocausto, que está
a la entrada de la Tienda de reunión».

—Levítico 4:3-7

Así era como un sacerdote del Antiguo Testamento
expiaba su pecado. El Señor Dios estaba proporcionando
un remedio diario para la debilidad y el fracaso espiritual.

¿Y si toda la congregación de Israel pecaba? ¿Hubo recurso para ellos? Sí.

Si la que peca inadvertidamente es toda la comunidad de Israel, toda la asamblea será culpable de
haber hecho algo que los mandamientos del Señor
prohíben. Cuando la asamblea se dé cuenta del
pecado que ha cometido, deberá ofrecer un novillo
como sacrificio expiatorio. Lo llevarán a la Tienda
de reunión.

—Levítico 4:13-14

Y, de nuevo, sigue el mismo procedimiento que para el
sacerdote que ha pecado. Dios afirma: «Se hará con este
novillo lo mismo que se hace con el de la ofrenda expiato-
ria. Así el sacerdote hará expiación por ellos, y serán perdonados» (4:20).

Los líderes no estaban exentos

Todavía había otra categoría de personas que se decía que
necesitaban un remedio para el pecado: los gobernantes o

líderes. Veamos a continuación el procedimiento que Dios describió para ellos:

> Cuando se le haga saber que ha cometido un pecado, llevará como ofrenda un macho cabrío sin defecto, pondrá la mano sobre la cabeza del macho cabrío, y lo degollará en presencia del SEÑOR, en el mismo lugar donde se degüellan los animales para el holocausto. Es un sacrificio expiatorio.
>
> —LEVÍTICO 4:23-24

Y, otra vez, sigue el mismo procedimiento para hacer la expiación.

Así que Dios, en su ley del Antiguo Testamento, hizo una disposición para que el o los individuos infractores sean perdonados y restaurados, sea el sacerdote, el gobernante, toda la comunidad o un miembro individual de ella. Nótese con respecto al individuo que pecó, que debía tomar medidas para expiar su fracaso: «Cuando se le haga saber que ha cometido un pecado, llevará como ofrenda por su pecado una cabra sin defecto» (4:28). Esto habla del despertar de la conciencia de la persona al hecho de que ha pecado. En los evangelios, leemos sobre el hijo pródigo que espontáneamente dejó a su padre y se fue a un país lejano. Pero al fin y al cabo recobró la conciencia y reconoció su culpa. Antes de ese despertar, había sido igualmente un pecador, cosa que no reconocería ni confesaría por voluntad propia.

Me deleito al ver estas instrucciones del Señor para la gente común porque amo a esa clase de gente, la común. Con este término, no me refiero a «común» en lo relativo a fealdad, ignorancia, crudeza o vulgaridad. Pero cuando medito en la gente común, tan amada por nuestro Señor Jesús, pienso en personas como usted y como yo. Formamos esa gran multitud de individuos que carecen por completo de fama. Es muy probable que nuestros nombres nunca aparezcan entre los nominados a un Premio Oscar, ni ganemos un Nobel o un Pulitzer. Somos gente sencilla, ¡simplemente esa gran multitud de gente común que Dios creó!

Cuando miramos una orquídea galardonada en una exposición de flores o en el exhibidor de una floristería, nos sorprende la belleza de la flor. Se destina mucho esfuerzo y recursos a la propagación de las carísimas orquídeas. Pero para las personas simples y sencillas, recomiendo una amplia extensión de margaritas que alegren su paisaje bajo el suave sol de verano. Estas se hallan entre las flores más comunes, las más ordinarias y las más sencillas, ¡y no valen tantísimo dinero!

Además, las margaritas no requieren nada más que el espacioso cielo de Dios y su brillante sol. Ahí se equilibran con la suave brisa en toda su belleza natural. Han existido por siglos y seguirán aquí en los siglos venideros, si el Señor se demora. No requieren mucho. Son flores comunes.

El deleite de una silvestre flor primaveral

Me encantan las flores, sea cual sea su origen; pero me deleito más en descubrir una común flor silvestre en la primavera, cuando ni la espero; la prefiero antes que un ramo de flores que ha sido cuidadosamente atendido por horticultores. Y la flor silvestre no me cuesta nada, solo el esfuerzo de verla, eso es todo.

En el ámbito espiritual, creo que Dios tiene sus orquídeas. Leemos las historias de los grandes santos, de los que soy admirador. Quizás, a la larga, sin embargo, me siento más a gusto con la diversidad de ordinarias margaritas de Dios que con los eclesiásticos cuidadosamente cultivados que han sido sus obras maestras durante siglos. Piense en lo trágico que sería si tuviéramos que decirle al Señor: «Dios, solo tenemos unos pocos cristianos distinguidos a los cuales referirnos. Mencionamos a Pablo, Crisóstomo, Agustín y Francisco. Agregaremos a Lutero, Wesley y Knox. Esos son todos los que podemos reunir».

Estoy seguro de que Dios sonreiría y respondería: «No, esos que mencionas son solo mis orquídeas galardonadas. Fueron algunos de los grandes. Me alegro por ellos, pero no tengo un liderazgo espiritual tan pobre como para depender solo de ellos». Y luego nos revela una innumerable compañía que nadie puede contar: flores ordinarias que yacen en los campos y praderas que, de alguna manera, echaron raíces y crecieron bajo la luz del sol, miraron hacia el cielo, recogieron la lluvia, el rocío y amaron a Dios para bien de ellas.

Son hombres y mujeres cuyas manos pueden estar sucias por el trabajo. Quizás no comprendan todas las alusiones eruditas del predicador altamente educado. No tienen diplomas ni títulos. Pero tienen la semejanza de la familia de Dios. Es posible que hayan crecido con pocas oportunidades para cultivarse como lo hicieron los más famosos. Pero son fieles a Dios. Son la gente franca y corriente, los millones sencillos y desconocidos dispuestos a compartir su fragancia incluso en los lugares más desérticos. Son mi tipo de gente, ¡siempre lo serán!

Cuando estoy con algunos de los predicadores reconocidos, me siento y hablo con ellos, si están dispuestos. Si podemos hablar de Dios, de la fe o de buenos libros, nos llevamos bien por un tiempo. Pero sobre todo salgo a buscar a un carnicero de Atlanta o un carpintero de Detroit o a un trabajador de una fábrica de Akron o un maquinista de Minneapolis o un criador de cerdos de Ottumwa. Me siento más cómodo entre ellos porque son gente de Dios sencilla y corriente. ¡Y le agradezco que haya tantos de esa clase!

Usted puede ser el transgresor

No obstante, no pocas veces uno de esos «miembros de la comunidad» peca. Quizás uno de esos sea *usted*. ¿Debería ser esta una señal para rendirse al desánimo? ¿Debería ser este el momento de rendirse, de declararse incompetente para desarrollar una vida cristiana, de ver las tentaciones demasiado grandes y el mundo demasiado duro? ¡No! Dios dice que hay un remedio si peca por ignorancia y se siente culpable de haber pasado por alto uno de los mandamientos. Debe traer una ofrenda por el pecado.

Para los israelitas, esa ofrenda era un procedimiento financieramente costoso. En el caso de un sacerdote pecador, implicaba el precio de un becerro. Para un individuo corriente, significaba el precio de una cabra. Hoy, la ofrenda no es monetaria en ningún sentido. Y ningún hombre que se precie de siervo de Dios lo engañará jamás haciéndole creer que un regalo monetario servirá como expiación por su pecado.

Sin embargo, ¡traiga su ofrenda! En esta era de la gracia de Dios, ya se hizo esa ofrenda. Juan el Bautista presentó esa ofrenda: «¡Aquí tienen al Cordero de Dios, que quita el pecado del mundo!» (Juan 1:29). No es necesario buscar un toro ni una cabra. Su sacrificio ya fue hecho una vez y es eficaz para siempre.

Como escribió un hombre de Dios, Isaac Watts:

No toda la sangre de las bestias matadas en los
    altares judíos
Podía dar paz a la conciencia culpable ni lavar las
    manchas.
Pero Cristo, el Cordero celestial, quita todos
    nuestros pecados;
El sacrificio del nombre más noble y la sangre más
    rica.

Y continuó escribiendo:

Mi fe pondría su mano sobre esa amada cabeza tuya,
Y mi alma penitente confiesa su pecado.
Reflexiono en la cruz viendo la carga que llevaste,
Cuando colgabas del madero maldito,
Consciente de que mi culpa te llevó ahí.

Así que, con el pacto de la gracia, usted solo necesita poner su mano sobre la cabeza de la divina Ofrenda por el pecado, la que el Cordero proveyó. ¿Qué significa eso para nosotros? Significa identificación. Que Dios se identificó con el hombre. Se identificó con nosotros.

Identificación y unión

En el Nuevo Testamento se habla mucho sobre la imposición de manos, lo cual era un símbolo de identificación y de unión. Ponemos nuestras manos sobre la cabeza de un joven ministro que está siendo ordenado identificándonos con él y con los otros que pusieron sus manos sobre su cabeza, como una sucesión santa a través de los años. El israelita que reconocía su culpabilidad debía poner sus manos sobre la cabeza de la ofrenda, identificándose así con el sacrificio. Ese hombre o esa mujer ordinaria lo que estaba diciendo era: «Dios, merezco morir, porque pequé. Sin embargo, por la fe en el misterio de la expiación, voy a vivir y esta cabra morirá. Pongo mi mano sobre su cabeza y confieso mi pecado, de hecho, pongo mi pecado en la ofrenda animal».

Mediante la repetición de ese ritual, Dios le estaba diciendo a Israel que un día vendría un Cordero perfecto que ya no quitaría el pecado simbólicamente, sino que —en realidad— sería «¡un sacrificio del nombre más noble y la sangre más rica!». Él, Jesús, «es el sacrificio expiatorio por nuestros pecados, y no solo por los nuestros, sino también por los de todo el mundo».

A veces, cuando estoy solo con mi Biblia, me arrodillo y recurro a Isaías 53:4. Por cada pronombre en primera persona que aparece en ese capítulo, sustituyo mis tres nombres. «Ciertamente él cargó con las enfermedades de Aiden Wilson Tozer y soportó los dolores de Aiden Wilson Tozer, pero Aiden Wilson Tozer lo consideró herido, golpeado por Dios, y humillado». Eso es poner su mano sobre la cabeza del Sacrificio. Eso es identificarse con el Cordero moribundo.

Usted puede hacer eso hoy, ¡ahora mismo!

CAPÍTULO 8

LA RESURRECCIÓN DE CRISTO:

MÁS QUE UNA FIESTA

El ángel dijo a las mujeres: —No tengan miedo; sé que ustedes buscan a Jesús, el que fue crucificado. No está aquí, pues ha resucitado, tal como dijo. Vengan a ver el lugar donde lo pusieron. Luego vayan pronto a decirles a sus discípulos: «Él se ha levantado de entre los muertos y va delante de ustedes a Galilea. Allí lo verán». Ahora ya lo saben.

—MATEO 28:5-7

Muchas de las iglesias cristianas de las que actualmente surgen por ahí —que se preocupan con tristeza por la crucifixión de Jesucristo en vez de seguir adelante con el Salvador resucitado—, se dedican a difundir lo que una persona describió como una «religión compasiva». Eso es algo que no puedo tolerar.

El verdadero poder espiritual no reside en la antigua cruz, sino en la victoria del poderoso y resucitado Señor de la gloria que pudo declarar —después de derrotar a la muerte—: «Se me ha dado toda autoridad en el cielo y en la tierra» (28:18). De esto debemos estar completamente convencidos. Nuestro poder como cristianos no yace en el pesebre de Belén ni en las reliquias de la cruz del Gólgota. Nuestro poder reside en el Cristo eterno que triunfó sobre la muerte.

Cuando Jesús murió en la cruz, sucumbió en debilidad. Cuando Jesús se levantó de la tumba, se levantó con poder. Si olvidamos o negamos la verdad y la gloria de la resurrección de Jesús y su posición actual a la diestra de Dios, ¡perdemos de vista todo el significado del cristianismo!

La resurrección de Jesucristo provocó algunos cambios de dirección sorprendentes. Es interesante y provechoso mirar a través de la perspectiva de Mateo a aquellas mujeres que jugaron un papel importante en el drama de la resurrección.

Primero, las mujeres fueron *a* la tumba. Fueron con amor, pero también con tristeza y temor. Fueron para consolarse. Eso era lo que dictaba su religión. Todavía ignoraban que Jesús había resucitado de entre los muertos. Su orientación era hacia la tumba que supuestamente contenía el cuerpo de Jesús.

La gente sigue orientándose hacia la tumba

La gente que nos rodea sigue mirando a la tumba, consciente solo del duelo y el dolor, la incertidumbre y el miedo a la muerte. Pero en ese histórico día de la resurrección, aquellas fieles mujeres tuvieron un dramático cambio de rumbo en sus vidas. Oyeron las noticias angelicales y vieron la evidencia: «No está aquí», informaron los ángeles a las mujeres; pues ha resucitado, tal como dijo» (28:6). La gigantesca piedra que cubría la tumba había sido quitada de la entrada. Ellas mismas pudieron ver el sepulcro absolutamente vacío.

«Vayan pronto a decirles a sus discípulos» (28:7), continuaron los ángeles. Mateo nos dice que las mujeres «se alejaron a toda prisa» (28:8) *de* la tumba. ¡Qué asombroso cambio de dirección provocado por las buenas nuevas de los ángeles! En lugar de ir *a* la tumba, ahora se apresuran a salir *de* la tumba. La tumba estaba vacía, despojada de su antiguo poder. Las mujeres habían estado seguras de que estaban viendo el final de la vida de Jesús tres días antes cuando colgaba de la cruz y jadeaba: «Consumado es». Ahora empezaron a darse cuenta de la infinitud, la eternidad de la vida y la victoria, que su resurrección había hecho posible.

Si este no es el mensaje y el significado de la Pascua, la iglesia cristiana está participando en un festival irrelevante de un día cada año, concentrado en el brillo de los colores, la fragancia de las flores, los dulces sentimientos de la poesía y las embriagadoras agitaciones de la primavera. Pero la Pascua no es solo un día en el calendario de la iglesia, una celebración en sí misma. Esa primera mañana de resurrección fue el comienzo de algo grandioso y vasto que nunca ha terminado ni terminará. Y la comisión que el Cristo resucitado les dio a sus seguidores continúa siendo la gran responsabilidad misionera mundial de la iglesia, tan válida hoy como entonces. Todo ello nos dice que la iglesia necesita reordenar sus prioridades.

La resurrección de Cristo no es parte de una mitología compleja y continua de nuestro mundo. No es un cuento de hadas. Es historia. Es realidad.

Si se despoja a la iglesia de la historicidad de la resurrección corporal de Jesucristo, queda desamparada y desesperada. La verdadera iglesia se basa necesariamente en la verdad de la resurrección. Jesús tuvo una muerte real. Había una tumba real y una piedra real para sellar la tumba. Pero, gracias a Dios, ¡también hubo una verdadera resurrección! El Padre soberano que está en los cielos envió un ángel para quitar la piedra. De esa tumba ahora vacía salió un Salvador resucitado capaz de proclamar a sus discípulos: «Se me ha dado toda autoridad en el cielo y en la tierra» (28:18).

Oportunidades refulgentes y atractivas

No es de extrañar que los verdaderos cristianos no se dediquen a conseguir simpatía por un Jesús moribundo ni digan algo como: «Arrodillémonos junto a la cruz y lloremos un rato». La iglesia tiene demasiadas oportunidades resplandecientes y atractivas para ocuparse con cosas así. No nos uniremos a los que consideran a Jesús un mártir, una víctima de su propio celo, un pobre hombre misericordioso con buenas intenciones que encontró al mundo demasiado grande para él y a la vida excesivamente abrumadora.

Demasiados artistas todavía se imaginan a Jesús hundiéndose en una impotencia provocada por la muerte. ¿Por qué debemos caminar en su iglesia vestidos de negro, como si continuáramos lamentándonos en la tumba? El registro anuncia claramente que regresó de la muerte para probar sus palabras: «Se me ha dado toda autoridad en el cielo y en la tierra» (28:18).

Jesús murió por nosotros, es cierto, pero desde la hora de la resurrección, ha sido el poderoso Jesús, el poderoso Cristo, el poderoso Señor. La autoridad no reside en un bebé en un

pesebre. La autoridad no reside en un Hombre clavado impo-
tente en una cruz. La autoridad está en el Hombre resucitado
que estuvo una vez en ese pesebre, que colgó de esa cruz pero
que, después de dar su vida, se levantó al tercer día y luego
ascendió a la diestra del Padre. En él reside toda la autoridad.

Nuestro negocio no es llorar ni compadecernos junto a la
tumba. Nuestro ministerio es agradecer a Dios con reverencia entre lágrimas que Jesús estuvo dispuesto a ir a esa tumba.
Nuestra tarea es agradecer a Dios por comprender lo que significa la cruz y lo que significa la resurrección tanto para él como
para nosotros.

¿Entendemos la resurrección apropiadamente? Ese acto coro-
nó de gloria todos los sufrimientos de Cristo. ¿Nos damos cuenta
completamente del significado de que Jesucristo esté sentado hoy
a la diestra del Padre, en absoluta majestad y con poder real, cual
soberano sobre todo poder en el cielo y en la tierra?

Siempre hay los que tienen algo que replicar: «Pero ¿cómo
puede respaldar esa posición? Si Cristo es soberano sobre todo
el mundo, ¿qué pasa con...?». Y empiezan mencionando el
último territorio en guerra, los conflictos bélicos con excesivo
derramamiento de sangre, los desastres naturales. «¿Y qué pasa
con el comunismo?». «¿Qué pasa con las bombas de hidrógeno
y la guerra nuclear con consecuencias nefastas e inminentes?».
«Si Cristo es soberano, ¿por qué sigue la carrera armamentista
entre las grandes potencias?». «¿Por qué la situación del Medio
Oriente continúa afectando al mundo entero?».

El plan de Dios está programado

Hay una respuesta a todos esos argumentos. Es la respuesta
de las Escrituras proféticas. Dios tiene un plan en su trato con

las naciones del mundo y sus gobiernos. El plan de Dios está programado y seguirá estándolo. Su plan siempre ha sido el regreso de Israel a Palestina. Las naciones de la tierra se están colocando en posición por todo el mundo, casi como un tablero de ajedrez gigante, mientras Dios espera soberanamente la consumación definitiva.

Entre tanto Israel continúa reuniéndose, mientras el rey del norte se golpea a sí mismo, la iglesia cristiana ora y trabaja para evangelizar al mundo y conquistarlo para el Salvador.

Y Cristo espera. El que tiene toda la autoridad espera ejercerla universalmente. Pero en la vida y ministerio de su iglesia, está mostrando su autoridad de muchas maneras. Sospecho que lo demostraría de muchas más formas si su iglesia creyera más en él y no dudara tanto.

Cuando Jesús anunció: «Se me ha dado toda autoridad en el cielo y en la tierra» (28:18), ¿qué esperaba que hicieran sus seguidores? ¿Cuáles son las implicaciones para todos los que estamos en el cuerpo de Cristo?

La respuesta es bastante sencilla. Jesús agregó a ese anuncio un mandato:

> Por tanto, vayan y hagan discípulos de todas las naciones, bautizándolos en el nombre del Padre y del Hijo y del Espíritu Santo, enseñándoles a obedecer todo lo que les he mandado a ustedes. Y les aseguro que estaré con ustedes siempre, hasta el fin del mundo.
>
> —Mateo 28:19-20

Por tanto es la frase que une los puntos. A Cristo se le ha dado toda la autoridad; por tanto, debemos ir y hacer discípulos de todas las naciones. Todas las implicaciones de la resurrección se suman al hecho de que la iglesia cristiana debe ser una iglesia misionera si ha de cumplir con las expectativas de su Salvador resucitado.

Debido a que está vivo para siempre, Jesús pudo prometer, en el mismo contexto de su mandato, que estaría con nosotros siempre, incluso hasta el fin de los tiempos. Hay innumerables lemas en las paredes de hogares cristianos, en placas de vehículos que dicen: «Estaré con ustedes siempre». Pero el texto, de la conocida Nueva Versión Internacional de la Biblia, es solo una cita parcial y anula ciertas implicaciones. Los creyentes somos expertos en usar el cuchillo de la mala enseñanza para separar un pequeño pasaje de su contexto, de la misma manera que separamos una rodaja de naranja de su cáscara. Separamos la promesa y la ponemos en nuestros lemas y calendarios. Pero en casos así, seamos receptivos y sinceros con lo que nuestro Señor quiere decirnos.

No exactamente

¿Es esto *exactamente* lo que dijo nuestro Señor: «Estaré con ustedes siempre» (28:20)? No exactamente. En realidad, lo que dijo fue:

> «Por tanto, vayan y hagan discípulos de todas las naciones, bautizándolos en el nombre del Padre y del Hijo y del Espíritu Santo, enseñándoles a obedecer todo lo que les he mandado a ustedes. Y les aseguro que estaré con ustedes siempre, hasta el fin del mundo».
>
> —Mateo 28:19-20

Esa palabrita y no está ahí por accidente. Jesús estaba diciendo que su presencia estaba asegurada en la iglesia cristiana si esta continuaba fielmente con sus responsabilidades misioneras.

Por eso digo que la resurrección de Jesucristo es algo más que un desfile de Pascua en el que nos divertimos mucho y somos las personas más felices del mundo. ¿Vamos a escuchar una cantata, a cantar juntos el himno «Resucitó»? ¿A oler los lirios, volver a casa y asunto olvidado? ¡No, ciertamente no!

La resurrección de Jesucristo se apodera de nosotros con toda la autoridad de la obligación soberana. La resurrección indica que la iglesia cristiana debe ir y hacer discípulos de todas las naciones. La obligación moral de la resurrección de Cristo es la tarea misionera: la responsabilidad y el privilegio de llevar personalmente el mensaje, de interceder por los que van, de participar económicamente en la causa de la evangelización mundial.

Muchas veces me he preguntado cómo pueden, los cristianos profesantes, relegar el gran imperativo misionero de nuestro Señor al margen de la actividad de su iglesia. No puedo seguir el razonamiento de aquellos que enseñan que la comisión misional dada por Jesucristo no pertenece a la iglesia de esta era, sino que se llevará a cabo durante los días de la «gran tribulación» enfatizada en la profecía bíblica.

Me niego a ceder a las tácticas engañosas del diablo que mantienen satisfecha a la iglesia de Jesucristo con una celebración de Pascua desprovista del poder de la resurrección. El enemigo de nuestras almas se alegra mucho al ver que los cristianos celebran con gran éxito el Domingo de Pascua, poniendo el énfasis en las flores, las cantatas y los sermones insípidos que se refieren a Jesucristo como el más grande de los héroes de la tierra. El diablo está dispuesto a conformarse con toda esa demostración siempre y cuando las iglesias no lleguen a decir toda la verdad sobre Jesucristo y su resurrección de entre los muertos. Pero tiene un miedo mortal cuando las iglesias comienzan a creer realmente que Jesús está sentado actualmente en su lugar de autoridad a la diestra de Dios y que él, Satanás, es en realidad un fugitivo asustado.

Satanás tiene la intención de distraernos

El negocio de Satanás es mantener a los cristianos de luto por un tiempo y llorando de angustia junto a la cruz en vez de demostrar que Jesucristo realmente ha resucitado, ha ascendido al cielo y —en el momento profético preciso— volverá a la tierra para encadenar a Satanás para arrojarlo al infierno. Satanás hará casi cualquier cosa para evitar que realmente creamos que la muerte ya no tiene dominio, que a Jesucristo se le ha dado toda autoridad en el cielo y en la tierra, que tiene en sus manos las llaves del infierno.

¿Cuándo se despertará la iglesia cristiana y se pondrá a la ofensiva por su Salvador resucitado y ascendido? Eso sucederá cuando la iglesia llegue a conocer el verdadero y completo significado de la cruz, cuando experimente la implicación y el poder de la resurrección entre sus miembros, ese será el momento. A través del poder de la resurrección de Cristo, debemos lanzar la ofensiva espiritual, debemos transformarnos en creyentes agresivos y nuestro testimonio debe convertirse en la fuerza positiva que debe ser para alcanzar los confines de la tierra con el evangelio.

Jesucristo nos pide que nos rindamos a su señorío y obedezcamos sus mandamientos. Él nos proveerá el poder si creemos en sus promesas y confirmamos la realidad de su resurrección.

De hecho, sus promesas han quitado la tensión y la presión de nuestra responsabilidad misional. Cuando el Espíritu de Dios habla, tratando con hombres y mujeres acerca de su responsabilidad misionera individual, Cristo les asegura su presencia y su poder mientras se preparan para partir.

«*Toda potestad me es dada en el cielo y en la tierra*. Ya no estoy en la tumba. Puedo protegerle con toda autoridad. Yo le puedo apoyar. Puedo ir delante de usted. Puedo hacer que su testimonio y su ministerio sean efectivos. *Por tanto, vayan y hagan discípulos de todas las naciones, bautizándolos ... enseñándoles ... Y les aseguro que estaré con ustedes siempre, hasta el fin del mundo*».

En tiempo de guerra y en otras circunstancias, los hombres sin Dios sufren solos y mueren solos, completamente aislados. Pero no se puede decir nunca que un verdadero soldado de la cruz de Jesucristo vaya solo al servicio misionero. En los anales de la historia misionera ha habido muchos mártires cristianos, pero ninguno de ellos murió solo. Jesucristo cumple su promesa. Jesucristo lleva a esos mártires triunfantes, a través de la muerte, al mundo del más allá.

¿Lo ve usted? La resurrección es más que un día de celebración. Es una obligación que debemos comprender y aceptar. Debido a que Jesucristo está vivo, tenemos algo que hacer por él. No nos atrevamos a asentarnos en la apatía religiosa.

¡Creamos en Jesús! Confiemos en el Resucitado que dijo: «Por tanto, vayan y hagan discípulos de todas las naciones, bautizándolos en el nombre del Padre y del Hijo y del Espíritu Santo, enseñándoles a obedecer todo lo que les he mandado a ustedes. Y les aseguro que estaré con ustedes siempre, hasta el fin del mundo» (28:18-20).

CAPÍTULO 9

UNIFORMIDAD CRISTIANA:

UNA RESPUESTA EVANGÉLICA

En fin, vivan en armonía los unos con los otros; compartan penas y alegrías, practiquen el amor fraternal, sean compasivos y humildes.

—1 Pedro 3:8

Los cristianos evangélicos tienden a prestar poca atención a las modas y tendencias religiosas que se manifiestan fuera de sus propios límites. Una de esas en nuestros días es el énfasis en la unidad de la iglesia. Ante tal insistencia, por parte de algunos sectores, de que cada feligrés de la iglesia local debe ser como todos los demás, es justo que los evangélicos tengan la oportunidad de responder. La siguiente es una respuesta.

Que la Biblia enseña la unidad cristiana es una verdad en la que estamos de acuerdo. Pero la unidad que se enseña en las Escrituras solo puede venir a través del amor genuino y la compasión sincera en el marco de la comunidad cristiana. Solo puede venir a través de la obra de Dios en el corazón de cada creyente, solo entonces puede haber unidad incluso donde hay una libre y bendita diversidad.

Hay en la literatura cristiana cierta declaración de un antiguo obispo en referencia a que la uniformidad que deseamos en la iglesia cristiana no es solo una cuestión de «solidaridad». Ese obispo nos recuerda que cualquiera puede lograr una unidad firme —que no considere la variedad de opiniones— mediante lo que llamó proceso de congelación. Podemos distinguir este tipo de unidad congelada en la conducta que asumen aquellas iglesias en las que nadie muestra desacuerdo con algo ni con alguien debido a que todos acordaron no tener principios básicos ni creencias dominantes. Su argumento es el siguiente: «En todo caso, la doctrina realmente no importa mucho».

Sin embargo, el apóstol Pedro les escribe a los creyentes acerca de la realidad de que todos deben ser «de un mismo sentir». Los principales comentaristas nos dicen que esa expresión —literalmente— significa ser unánimes. Ahora bien, permítame decirle lo que no es ser unánimes, para que podamos descubrir qué es realmente la unanimidad o armonía cristiana.

Ser unánimes —en unanimidad espiritual— no implica una uniformidad *per se*. No puedo comprender cómo han caído las iglesias en el error de creer que unanimidad significa uniformidad. Algunos sostienen que tener ideas afines implica imponer una similitud desde el exterior. Este ha sido el error garrafal: la creencia de que la armonía dentro de los cuerpos religiosos se puede asegurar imponiendo la uniformidad.

No se puede imponer la uniformidad

Observe la palabra *uniforme*. Este vocablo es un adjetivo que describe una situación. Pero también es un sustantivo que se refiere a la identificación de las prendas que usan los miembros de ciertos grupos. Nuestras fuerzas armadas visten uniformes. La policía municipal usa uniformes. Algunos repartidores andan uniformados. Tales prendas proporcionan uniformidad, una uniformidad impuesta desde el exterior. Pero cualquiera que haya servido alguna vez en las fuerzas armadas sabe que hay un mundo de desacuerdo y quejas entre quienes visten esos uniformes. El simple hecho de ponerse un uniforme no produce en ningún sentido una unidad ni una armonía básica en ningún grupo de hombres y mujeres.

La uniformidad impuesta es un gran error porque supone que se aplica forzosamente desde el exterior. Y falla al no reconocer que la única uniformidad válida es la que surge del corazón.

En realidad, la variedad, no la uniformidad, es el sello distintivo de Dios. Dondequiera que se manifieste la mano de Dios, usted verá variedad más que uniformidad. Pablo comenta que las estrellas difieren unas de otras en esplendor. Cuando el humo, la suciedad y el smog que cubren nuestros centros urbanos ascienden un poco, y observamos las estrellas esparcidas por el cielo, vemos cuerpos celestes diferentes, ninguno de ellos es exactamente igual.

Si Dios hubiera creado todas las estrellas de acuerdo a un patrón uniforme y las hubiera colocado equidistantes de nuestra tierra, observar las estrellas sería como contemplar una carpa de teatro deslumbrante pero igual todo el tiempo. Por mi parte, prefiero el cielo misterioso y maravilloso que vemos en una noche clara.

Lo mismo ocurre con las hojas. Si está dispuesto a comprobarlo, puede descubrir en cinco minutos que no hay dos hojas en un árbol que sean exactamente iguales. Todas difieren. Son algo parecidas, incluso pueden ser básicamente iguales, pero Dios les permite cierta libertad de variedad.

Visite la orilla del océano, de cualquier océano, y verá que aun cuando los vientos sean fuertes y las olas se agiten, no hay dos olas exactamente iguales. Puede verlas al abalanzarse sobre la arena y pensar que son iguales. Pero si las ve más de cerca, estará de acuerdo en que no hay dos que sean iguales. El artista que pinta todas las olas del océano por igual impone algo de su propia mente a la obra del Dios Creador, porque el océano nunca repite el mismo tamaño y forma de una ola, aunque las olas alcanzan números que no podemos contar.

Incluso el canto de los pájaros es diferente

Considere el canto de los pájaros. Es posible que escuchemos el canto de uno de ellos y podamos identificarlo. «Ese es un cardenal», decimos, o un canario, o una paloma, cualquiera sea el caso. Pero aquellos que han sido entrenados para escuchar con atención nos dicen que incluso entre las especies, no hay dos pájaros que canten exactamente igual.

Cuando reflexionamos acerca de los santos de la Biblia, a veces hablamos de las similitudes entre sus personalidades. Pero las diferencias son mucho más marcadas y notorias que las similitudes. ¿Quién puede concebir dos hombres más opuestos que Isaías y Elías? Si hubieran estado sentados en la misma congregación, difícilmente se les habría reconocido como pertenecientes a la misma raza, ¡y mucho menos a la misma fe! Sus similitudes estaban dentro. Estaban juntos por dentro, pero ciertamente eran diferentes por fuera.

O vea el contraste entre Pedro y Moisés. O quédese dentro del pequeño círculo de los discípulos de Jesús y compare a Pedro con Felipe o Juan. Exteriormente y en sus rasgos de carácter, eran diferentes entre sí. La unidad que tuvieron internamente fue producida por el propio Maestro.

Cuando Dios estableció su iglesia, instituyó una entidad que debía ser unánime en su interior. Pero era una iglesia con toda la variedad exterior parecida a la de un atractivo jardín de flores.

Conocí a un querido hombre de Dios, un predicador de un color de piel diferente al mío, que solía decir a las audiencias blancas: «Dios hace sus ramos de flores con todos los colores de su creación. Si fueran todos blancos, no habría variedad, ¡así que Dios me puso aquí entre ustedes para brindarles esa variedad!».

Él estaba en lo correcto. Dios tiene su propia variedad en toda la iglesia, en todas partes, no solo en apariencia, sino en personalidad, gusto, dones y ministerios. Y, sin embargo, Pedro nos anima a vivir en armonía, a ser unánimes. ¿Qué quiere decir eso? Quiere decir que el Espíritu de Dios, que hace a Cristo real dentro de nuestro ser, nos hará iguales en ciertas cualidades y disposición.

La verdadera compasión cristiana es una de esas cualidades. Pedro nos deja pocas dudas sobre los frutos de la genuina unanimidad cristiana en su interior. «En fin, vivan en armonía los unos con los otros; compartan penas y alegrías, practiquen el amor fraternal, sean compasivos y humildes. No devuelvan mal por mal ... busque la paz y la siga» (3:8-11). Esc es el camino hacia una bendita unidad y unanimidad cristianas. Esa es la forma de ser «todos de un mismo sentir».

El tipo de unidad que cuenta

Ese era el tipo de uniformidad que Pedro buscaba entre los seguidores de Cristo. Todo creyente ferviente debe conocer la unanimidad de la compasión, la capacidad de amar a los demás, la uniformidad de un espíritu que se extiende en simpatía, la ternura de un corazón que puede expresar la gracia de Dios al perdonar a los demás.

¿Está usted dispuesto a medir la compasión en su propio espíritu? La compasión implica comprensión piadosa. Dondequiera que una vida toque a otra, debe haber compasión si queremos agradar a nuestro Señor. Esto es lo que exige nuestra verdadera unidad cristiana: una semejanza, una comprensión compasiva en cada punto donde nuestro corazón coincida. En otros asuntos puede haber diversidad y variedad. Pero dondequiera que coincidamos, habrá unidad. La variedad entre los hijos de Dios es en sí misma el plan artístico divino para traer belleza a la iglesia.

Supongo que nunca hubo un cuerpo de cristianos que lograra ser más libre que los cuáqueros, aunque ellos mismos hicieron todo lo posible por sofocar esa libertad. Impusieron un código de vestimenta uniforme. Una forma de hablar poco ordinaria. Pero a pesar de esas prácticas, tenían tanto de la llama interior que lograron presentar al mundo una maravillosa variedad semejante a la de un jardín de flores. De modo que debemos tener la compasión de Cristo dentro de nosotros. En el momento en que coincidamos con un compañero creyente, debe haber una comprensión compasiva. En aquellas áreas donde no coincidimos, puede haber diversidad.

Pedro también nos recuerda que debemos amarnos los unos a los otros «como hermanos». Este amor habla de unidad, dondequiera que nuestros sentimientos coincidan. Es una unidad verdadera y bendita, posible gracias a los lazos del amor de Dios. Esta es el método de Dios, la manera genuina de unir a las personas en una unidad que es viva y que perdura.

Ahora, sin ningún deseo de perturbar, debo hacer una pregunta acerca de las muchas demandas insistentes para que todos ingresen a una sola iglesia cristiana mundial o, lo que es lo mismo, una iglesia ecuménica: «¿Por qué es que la generación que más habla de unidad es también la que muestra mayor odio y desconfianza, la generación con las bombas más letales y los ejércitos más grandes?».

No hay unidad en el mundo

¡No pueden engañarme! Me niego a dejarme engañar por todas las palabras sutiles y las garantías afables de que «todos los hombres son hermanos y debemos olvidar nuestras diferencias debido a la paternidad de Dios y la hermandad del hombre». No me engañan porque sé que no hay unidad en el mundo. Hay división, odio, hostilidad y franca contienda. Cuando las personas dicen: «Olvidemos todas las diferencias», solo quiero tener la oportunidad de ver si debajo de su abrigo todavía está lo que oculta el bulto que se ve, ¡donde guarda su armamento!

El amor de Dios derramado en nuestros corazones, un amor que solo puede ser transmitido por el Espíritu de

Jesucristo nuestro Señor, es el único medio por el cual se manifiesta la verdadera unidad entre los hombres y las mujeres de hoy. Todo otro énfasis en la unidad es una burla tristemente extraña e irónica que debe haber tenido su origen en el infierno profundo.

¿Acaso es posible ser hijo de Dios y no tener un corazón tierno? Cuando Pedro advierte que los cristianos deben ser «compasivos» unos con otros, en realidad lo que está diciendo es que nuestros corazones deben mostrarse tiernos en la interacción mutua. La religión nos hará muy tiernos, considerados y bondadosos, o hará que seamos muy duros.

Cualquiera que haya estudiado historia sabe que hombres y mujeres, religiosos y religiosas, pueden ser muy severos, incurrir en las peores crueldades, explicándolo todo en nombre de la religión y del «principio» que enarbolen. Tengo una pregunta que me hago a mí mismo al respecto: «¿De qué lado estoy: del principio o del pueblo?». En la historia de nuestro propio gobierno estadounidense, nos inclinamos ante uno de nuestros grandes mandatarios que fue primero hombre y luego presidente. Lo llamaban el Honesto Abe. Tenía un don especial para captar el humor en las cosas cotidianas y un corazón que lloraba fácilmente por las penas de las otras personas.

Durante la Guerra Civil, Abraham Lincoln tuvo que lidiar con los líderes militares que mantenían la severidad y actuaban basados en sus principios en su trato a los jóvenes que reclutaban sacándolos de las granjas, apartándolos de sus familias y enviándolos con poca o ninguna formación militar al frente de batalla. Una vez que el terror de los disparos y los gritos de los moribundos se hizo abrumador, algunos de esos chicos se dieron la vuelta y huyeron asustados. Cuando los capturaban, los condenaban a muerte.

Lincoln trató de salvarlos

Junto con sus muchos otros deberes, Lincoln estaba ocupado haciendo lo que podía para salvar a esos jóvenes. Un día, sus asociados lo encontraron manipulando con tristeza los papeles de un archivo y escribiendo algo al final de cada uno de ellos.

«¿Qué está haciendo, señor presidente?», preguntó uno de sus asociados.

«Mañana es el 'día del carnicero' en el ejército», respondió Lincoln. «Van a dispararles a mis muchachos, así que he estado revisando sus papeles una vez más para ver si puedo hacer algo por algunos de ellos».

Apreciamos y honramos la memoria de Abraham Lincoln por la clase de espíritu que lo caracterizaba. Era un hombre que amaba a la gente y no se avergonzaba de mostrar un corazón tierno y lleno de compasión por los necesitados. No menciono a Lincoln aquí para dar a entender que era un gran cristiano, porque no soy un juez de eso. Pero era un gran hombre y tenía mucho que los cristianos podríamos pedir prestado. Estoy convencido de que era un hombre compasivo y sensible que ponía a las personas por encima de los principios.

No hace falta que les diga que los principios han sido una cruz dura y áspera en la que los seres humanos han sido clavados a lo largo de los siglos. «Esto se hace debido a que hay un principio involucrado», proclamaban los hombres celosos de sus posiciones mientras ejecutaban a la desafortunada víctima. La sangre, las lágrimas y el sudor de la persona condenada nunca los afectaron en absoluto porque su orgullo les aseguraba que estaban actuando por principios.

Deje que la gente alegue lo que quiera; no es el principio lo que mantiene unido al mundo moral, sino más bien la presencia de un Dios santo y el amor por Dios y la humanidad. Sin duda, existen leyes morales en el mundo; nadie predica eso con mayor énfasis que yo. Pero extraer el principio del corazón santo y amoroso de Dios con el objeto de clavar a los hombres en él está muy lejos de la enseñanza y el ejemplo de nuestro Señor Jesucristo.

El propio Jesús no gastó su tiempo hablando de principios. Siempre hablaba de personas. Incluso en las ilustraciones y parábolas que usaba en sus historias, no citaba principios. Siempre hablaba de personas. Personas en problemas, personas descarriadas, personas perdidas, personas enviadas a traer a otras personas. Siempre hablaba y se refería a las personas.

Haga usted de eso lo que quiera, pero —en lo particular— no creo que me ofrezca a dar mi vida por un principio. Confío en que moriría por los que amo. Confío en que moriría por la iglesia de Jesucristo. Confío en que lo daría todo por el amor de Dios y el amor de la humanidad. Si no lo hiciera, seguramente me avergonzaría.

Jesús no llegó montado sobre un «principio»

Ahora, eso es una cosa, pero otra muy distinta es extraer un principio rígido y férreo con el fin de clavar a un hombre en él. La Palabra de Dios nos dice que seamos comprensivos, compasivos y humildes. Jesús no bajó de su posición en la gloria montado en una nube de acero, rígida, fría y llena de principios divinos. Estaba lleno de compasión y amor, era tierno de corazón y sumiso a la voluntad de su Padre en nombre de la humanidad. Pasó del vientre de la virgen a la cruz en el Gólgota.

Por supuesto, Jesús murió por un reino regido por el gobierno moral del Dios todopoderoso, pero era a las personas a las que cuidaba y servía. Logró su fin no con dureza, asperezas ni principios legales, sino con amor, cuidado y compasión por las personas. Detrás de todo ello, ciertamente, estaba el principio divino e inmutable —el de la justicia moral de Dios— porque la santidad de la Deidad debe ser sostenida aunque el mundo se derrumbe.

Sin embargo, en calidad de nuestro divino Salvador y Señor, Jesús vivía sus experiencias —con hombres y mujeres— con toda dulzura y ternura, sin dejar nunca una irritación ni un rasguño. Bien podríamos decir que el amor lubricaba su espíritu. Amaba a la gente: hombres, mujeres y niños, tanto los pobres como los a ricos.

No hay nada que nos haga más tiernos de corazón y más compasivos de espíritu que la verdadera fe en Dios. La Palabra de Dios enseña claramente que nuestro Padre celestial quiere que tengamos verdadera unidad espiritual, que experimentemos la sensibilidad divina que nos permite vivir en armonía unos con otros.

Sin embargo, en el registro del Nuevo Testamento, también vemos en contraste la religión orgullosa e inflexible de los fariseos, religión que generaba en ellos una dureza de corazón excesiva.

La religión siempre hace una cosa o la otra. Yo, por mi parte, quiero estar del lado de los comprensivos y compasivos. ¿Y usted?

CAPÍTULO 10

LA PRESENCIA DE CRISTO:

EL SIGNIFICADO DE LA COMUNIÓN

Yo recibí del Señor lo mismo que les transmití a ustedes: Que el Señor Jesús, la noche en que fue traicionado, tomó pan, y, después de dar gracias, lo partió y dijo: Este pan es mi cuerpo, que por ustedes entrego; hagan esto en memoria de mí. De la misma manera, después de cenar, tomó la copa y dijo: Esta copa es el nuevo pacto en mi sangre; hagan esto, cada vez que beban de ella, en memoria de mí». Porque cada vez que comen este pan y beben de esta copa, proclaman la muerte del Señor hasta que él venga.

117

Porque el que come y bebe sin discernir el cuerpo come y bebe su propia condena.

—1 Corintios 11:23-26, 29

Es sorprendente que muchas personas consideren a la iglesia cristiana como una institución más y la práctica de la comunión como uno de sus rituales periódicos. Cualquier iglesia genuina del Nuevo Testamento en realidad *consiste en* comunión. No es una institución. La Biblia lo aclara.

Una de las definiciones de *comunión* que aparece en el diccionario se refiere a un cuerpo de cristianos que tienen una fe común. Compartir y participar son otros términos utilizados para definir la *comunión*. Independientemente de las tradiciones y la terminología, la pregunta básica siempre que nos acercamos a la mesa del Señor es esta: «¿Nos hemos reunido para celebrar la presencia de nuestro divino Señor y Salvador resucitado?».

Bienaventurada la iglesia que ha encontrado la madurez espiritual y el entendimiento para confesar sinceramente que: «¡Nuestra congregación está tan consciente de la presencia de Jesús entre nosotros que toda nuestra armonía manifiesta una comunión incesante!». Qué experiencia tan gozosa es para nosotros, en esta era de la iglesia, ser parte de una congregación unida por el deseo de conocer la presencia de Dios, por el anhelo de palpar su cercanía.

La observancia de la comunión no tendrá un significado concluyente para nosotros si no creemos que nuestro Señor Jesucristo está literalmente presente en el cuerpo de Cristo en la tierra, su verdadera iglesia. Pero note la importante distinción que hago: Cristo está *literalmente* presente con nosotros, no físicamente presente.

Algunas personas se acercan a la mesa de la comunión con un asombro que es casi una manifestación de miedo. Creen que se están acercando a la presencia física de Dios. Pero es un error imaginar que él está físicamente presente.

En el caso de la zarza ardiente en el Antiguo Testamento, Dios no estaba físicamente presente. Tampoco lo estaba bajo las alas de los querubines en el Lugar Santísimo del tabernáculo, ni en la nube de día ni en el fuego de noche que guiaba a Israel por el desierto. Sin embargo, estaba presente, literalmente presente. Así que hoy Dios, que se hizo Hombre, el Hombre que es Dios —ese Hombre que es el punto focal de la manifestación divina— ¡está aquí! Cuando acudimos a la mesa del Señor, no tenemos que tratar de traer su presencia. ¡Él está aquí!

Debemos discernir la presencia de Cristo

Dios pide, sin embargo, que llevemos a la comunión el tipo de fe que discierne la presencia de Cristo. Nos pide que llevemos el tipo de fe que nos permita obedecer el mensaje del Nuevo Testamento, por eso nos dice: «Perdónense mutuamente, así como Dios los perdonó a ustedes en Cristo» (Efesios 4:32). Aparte de nuestra adoración y de la comunión, Dios quiere que seamos capaces de sentir la cercanía amorosa del Salvador, ¡otorgada instantáneamente!

No hay nada como esto en el mundo. Imagínese al Dios que hizo el universo, que tiene al mundo en sus manos, listo para bautizarnos con su presencia. Presencia que ha de cambiar por completo nuestras vidas. Que nos elevará, nos purificará y nos liberará del dominio de la carne libidinosa hasta el punto en que nuestras vidas sean una fascinación continua y radiante para los demás.

Incluso una lectura superficial de la primera carta de Pablo a los Corintios nos alerta sobre los problemas en esa congregación de la iglesia primitiva. Por un lado, los miembros se reunieron por razones distintas a la de reconocer la presencia divina. Pablo dijo que se reunieron «sin discernir el cuerpo» del Señor. He revisado muchas fuentes de erudición cristiana y estoy de acuerdo con Ellicott y otros comentaristas que creen que esto significa que los corintios se reunieron «sin reconocer la presencia [de Dios]». No se les pidió que creyeran que el pan y el vino eran Dios, pero se les pidió que creyeran que Dios estaba presente cuando los cristianos se reunieron para comer el pan y beber el vino.

Debido a que se negaron a reconocer la presencia de Dios, los cristianos corintios incurrieron en un gran problema espiritual. En realidad, se estaban reuniendo con otros propósitos además de encontrarse con Dios. Así que hubo un juicio sobre ellos porque eran demasiado carnales, demasiado mundanos, demasiado sociales, demasiado poco espirituales para reconocer que cuando los cristianos se encuentran, al menos deberían tener la reverencia que tenía un griego cuando llevaba una novilla a un bosque sagrado. Al menos deberían tener la reverencia que tenía un poeta griego cuando componía serenamente poemas a su deidad. Al menos deberían tener la reverencia de un sumo sacerdote del Antiguo Testamento cuando entraba al Lugar Santísimo y ponía sangre debajo de la cubierta del arca a la sombra de los querubines.

Sin embargo, los corintios llegaban con otra actitud. No se reunían para estar en comunión con la presencia de Dios, por lo que el significado y el propósito de la comunión se hicieron vagos.

Hoy, digo, deberíamos ser una compañía de creyentes reunidos para encontrarnos con el Dios, ese Dios que se manifestó en carne. Ese Dios-Hombre no es un predicador cualquiera ni un anciano, ni un diácono, sino Jesucristo, ¡resucitado de entre los muertos y vivo por la eternidad! Es imposible separar la comunión de la centralidad de Jesucristo, la Palabra revelada de Dios.

Algunos consideran la comunión como una celebración y, en el mejor de los casos, lo es. Nos reunimos para celebrar a nuestro Señor Jesucristo. Para que podamos captar el espíritu de esta celebración, observe la relación de Cristo, el Hijo del Hombre, con cinco expresiones verbales que veremos a continuación.

Devoción

Primero, celebramos la devoción de Cristo a la voluntad de su Padre. Nuestro Señor Jesucristo no tenía objetivos secundarios. Su única pasión en la vida fue cumplir la voluntad de su Padre. De ningún otro ser humano se puede decir esto en términos absolutos. Otros se han dedicado a Dios, pero nunca del todo. Siempre ha habido ocasión de lamentar la introducción, por breve que sea, de alguna distracción. Pero Jesús nunca se distrajo. Ni una sola vez se desvió de la voluntad de su Padre. Siempre estaba delante de él y a eso era a lo que estaba dedicado.

Debido a que no era la voluntad del Padre que nadie pereciera, Jesús se dedicó al rescate de la humanidad caída, estaba completamente consagrado a ello. No tenía pasatiempos ni se dedicaba a otras faenas. Se consagró a hacer la única cosa que permitiría al Dios Padre perdonar el pecado de los seres humanos. Se dedicó al altar del sacrificio para que la humanidad pudiera ser rescatada de la paga del pecado.

«¡Listo para una o ambas cosas!»

Una de las antiguas sociedades misioneras bautistas tenía como símbolo un buey parado tranquilamente entre un arado y un altar. Debajo estaba escrita la siguiente inscripción: «¡Listo para una o ambas cosas!». Arar, si esa es la voluntad de Dios. Morir en el altar, si es la voluntad de Dios. Arar un rato y luego morir en el altar. No puedo pensar en un símbolo mejor de devoción a Dios.

Ese símbolo ciertamente describe la actitud de nuestro Señor Jesucristo. Primero estaba listo para sus labores en la tierra, el trabajo con el arado. Y estaba listo para el altar del sacrificio, la cruz. Sin intereses secundarios, se movió con firme propósito, casi con precisión, en dirección a la cruz. No se distraería ni se apartaría. Estaba completamente dedicado a la cruz, absolutamente dedicado al rescate de la humanidad, porque estaba totalmente consagrado a la voluntad de su Padre.

Aun cuando «no creamos», como dice el antiguo himno (2 Timoteo 2:13), la fiel devoción de Jesús no ha cambiado. No cambia. Y no cambiará. Él es tan consagrado ahora como lo fue entonces. Vino a la tierra para ser un verdadero devoto, porque la palabra *devoto* en realidad es un término religioso que se refiere generalmente a un animal, a menudo un cordero, que era seleccionado y marcado para ser sacrificado a una divinidad. Por tanto, nuestro Señor Jesucristo, el Cordero de Dios, se ofreció —completamente dedicado— a ser el Sacrificio Infinito por el pecado.

Separación de

La segunda frase es *separación de*. Hay muchas formas en las que nuestro Señor se separó deliberadamente de los que lo rodeaban. Podríamos decir que se separó de las personas por las personas mismas. Jesús no se separó de las personas porque estuviera cansado de ellas ni porque no le agradaran. Más bien, fue porque los amaba. Fue una separación para que pudiera hacer por ellos lo que ellos no podían por sí mismos. Él era el único que podía rescatarlos.

A lo largo de la historia ha habido quienes se han separado de las personas por otras razones. Timón de Atenas se amargó por la raza humana y se fue a las colinas. Se separó de la humanidad porque odiaba a todo el mundo. Pero la separación de Jesucristo de las personas fue como resultado del amor. Se separó de ellos por el bien de ellos. Fue por ellos que vino y murió. Fue por ellos que resucitó y ascendió. Por ellos intercede a la diestra de Dios.

La frase marcó a Jesús

Separación de es una frase que marcó a Jesús. No solo se mantuvo separado de los pecadores en el sentido de que no participó de sus obras pecaminosas, sino que también fue separado de la trampa de las trivialidades. Los cristianos hacemos muchas cosas que no son realmente malas; son simplemente triviales. Cosas que no son dignas de que nos ocupemos de ellas, como si a Albert Einstein se le ocurriera pasarse el tiempo recortando muñecos de papel.

Nuestras mentes pueden no estar entre las seis más grandes de la historia, pero como la de Einstein, tienen capacidades infinitas. Nuestros espíritus fueron diseñados por Dios para comunicarse con la Deidad. Sin embargo, consumimos nuestro tiempo en trivialidades. Jesús nunca estuvo tan consagrado a algo más que a la redención de los pecadores. Evadió la trampa de las trivialidades. Estaba separado de las vanidades de la raza humana. ¿Necesito recordarle en este contexto que si estas palabras caracterizaron a Jesús, también deben caracterizar a cada uno de nosotros que afirma ser seguidor de él? El corredor se separa —se desprende— de la ropa normal con el fin de quitarse peso de encima para la carrera. El soldado se separa del atuendo civil para ponerse el equipo que le ayuda en su misión de combate. Así mismo nosotros, como discípulos amorosos de Dios, debemos separarnos de todo lo que impida nuestra devoción a Dios.

Devoción a la voluntad del Padre, al rescate de la humanidad de la trampa del pecado, a cualquier sacrificio necesario. *Separación del* pecado, de los pecadores que serían una trampa para nosotros, de las trivialidades que nos desviarían de los asuntos valiosos.

Otras tres frases

Menciono más rápidamente otras tres frases además de las dos anteriores. La tercera es el *rechazo de*. Jesús sufrió el rechazo de la humanidad debido a su santidad. En la cruz sufrió el rechazo de Dios Padre porque estaba cargado con nuestros pecados. Fue vicariamente pecador. «Al que no conoció pecado, por nosotros lo hizo pecado» (2 Corintios 5:21 RVR60).

En ese sentido, Jesús sufrió un doble rechazo. Era demasiado santo para ser recibido por hombres pecadores. Y en ese terrible momento de su sacrificio, era demasiado pecador para ser recibido por un Dios santo. De modo que pendía entre el cielo y la tierra, rechazado por ambos hasta que clamó: «Consumado es Padre, en tus manos encomiendo mi espíritu» (Juan 19:30; Lucas 23:46). Luego fue recibido por el Padre.

Insisto, mientras cargaba con mis pecados, y los de usted, fue rechazado por el Padre. Mientras se movía entre los hombres, fue rechazado por ellos porque la santidad de su vida era una reprensión constante para ellos.

La cuarta frase es *identificación con*. Lo cierto es que Jesús se identificó con nosotros. Todo lo que hizo fue por nosotros; actuó en lugar nuestro. Llevó nuestra culpa. Nos imputó su justicia. En todo lo que hizo en la tierra, Jesús actuó por nosotros debido a que con su encarnación se identificó con la raza humana. En su muerte y resurrección, se identificó con la raza humana redimida.

Como resultado bendito, lo que sea que él sea, nosotros también lo somos. Donde él está, potencialmente está su pueblo. Lo que él es, potencialmente lo es su pueblo, excepto lo relativo a su deidad.

Por último, considere la frase *aceptación en*. Jesucristo, nuestro Señor, tiene aceptación en el trono de Dios. Aunque una vez fue «rechazado por», ¡ahora es «aceptado en»! El amargo rechazo se ha convertido en gozosa aceptación. Y lo mismo es cierto para su pueblo. Por él morimos. Identificados con él, vivimos. Y en nuestra identificación con él somos aceptados a la diestra de Dios Padre.

Este es el significado de la celebración de nuestra comunión. Seguramente no necesito una foto de la sagrada familia ni un rosario para recordar a Jesús y su muerte en la cruz del Calvario. Si mi amor por Jesús no me insta a recordar eso las veinticuatro horas del día, entonces necesito confesar, arrepentirme de mi descuido y pedir la gracia restauradora —tanto como la misericordia de Dios— para que me lo mantenga siempre en la memoria.

Se «descarrió»

Uno de los grandes disidentes escoceses que vivió en el siglo pasado fue Horatius Bonar. Pertenecía a la Iglesia Libre de Escocia, la cual nació tras una ruptura con la iglesia estatal. Un crítico de Bonar, cierta vez, dijo lo siguiente acerca de él:

> Bonar fue un hombre maravillosamente bueno y un hombre maravillosamente dotado, pero su imaginación lo llevó por el mal camino. Su imaginación lo llevó a creer que Jesucristo regresaría para resucitar a los muertos y cambiar a los vivos. Iba a restaurar a Israel a la Tierra Santa, transformar la iglesia y bendecir a la humanidad, destruyendo al anticristo con el resplandor de su venida.

Sí, es una lástima que Bonar se haya «descarriado» tanto. En respuesta, afirmo que si Bonar se «descarrió» tanto como para creer esas cosas, tal vez por eso podría escribir himnos como los que compuso. Entre los cuales están «Oí la voz de Jesús decir, ven a mí y descansa» y «Dejo mis pecados en Jesús, el Cordero de Dios sin mancha». Bonar también escribió un himno acerca de la comunión. Es el siguiente:

Aquí, oh mi Señor, te veo cara a cara;
Aquí tocaría y trataría cosas invisibles
Toma con mano más firme la gracia eterna,
Y todo mi cansancio se apoye en ti.
Aquí me alimentaré del pan de Dios,
Beberé contigo el vino real del cielo;
Aquí dejaré a un lado cada carga terrenal,
Aquí probaré de nuevo la calma del pecado
    perdonado.
Esta es la hora del banquete y del canto;
Esta es la mesa celestial puesta para mí;
Aquí, déjame festejar y celebrar, y así prolongar
La breve y brillante hora de comunión contigo.
Demasiado pronto nos levantamos; los símbolos
    desaparecen;
La fiesta, aunque no el amor, pasó y se fue;
El pan y el vino se van, pero tú estás aquí,
Más cerca que nunca; todavía mi escudo y mi sol.
Mío es el pecado, tuya la justicia;
Mía es la culpa, tuya la sangre purificadora;
Aquí está mi manto, mi refugio y mi paz,
Tu sangre, tu justicia, Señor mi Dios.
Fiesta tras fiesta viene y pasa,
Sin embargo, al pasar, apunta a la alegre fiesta
    de arriba,
Dando un dulce anticipo de la alegría festiva,
La gran fiesta nupcial de felicidad con el
    Cordero.

La mesa del Señor, la comunión, es más que una pintura famosísima o un cuadro que cuelga en la pared; más que un eslabón que nos recuerda a Jesucristo y su muerte. Es la celebración de su persona, la celebración a la que nos unimos con alegría porque lo recordamos. Por ella damos testimonio unos a otros y al mundo del sacrificio de Jesús, que conquista la muerte, ¡hasta que él regrese!

CAPÍTULO 11

NUESTRA ESPERANZA PROMETIDA:

SEREMOS TRANSFORMADOS

Como hijos obedientes, no os conforméis a los deseos que antes teníais estando en vuestra ignorancia; sino, como aquel que os llamó es santo, sed también vosotros santos en toda vuestra manera de vivir.

—1 PEDRO 1:14-15 RVR1960

La iglesia cristiana no puede ser efectivamente la Esposa de Cristo si no cree con determinación en Dios y si no proclama con valentía a cada ser humano que: «¡Puede ser cambiado! ¡No tiene que quedarse como está!». Esa es una esperanza que se ofrece no solo al drogadicto abatido y al borracho indefenso; es válida para todas las personas del mundo.

Preste atención, por tanto, a lo que el Espíritu Santo, en este mandato apostólico, nos dice sobre la naturaleza humana y la gracia de Dios. Después de todo, las Escrituras no dan lugar a discusión. Es posible que tengamos motivos para no estar de acuerdo con la interpretación de las Escrituras por parte de un predicador específico, pero una vez que sabemos lo que ha dicho el Espíritu Santo —como creyentes—, estamos comprometidos a cumplir el mandato sin una sola palabra de objeción. ¿Qué más debemos hacer con la Palabra de Dios sino obedecerla?

«No os conforméis a los deseos que antes teníais estando en vuestra ignorancia» (1:14). Aquí hay una verdad expresada de manera adversativa pero que lleva consigo una afirmación positiva. Si nuestra conformidad no debe ser con nuestros malos deseos anteriores, ¿con qué o con quién debe ser? Es este elemento positivo el que consideramos. Cierta y afirmativamente cada uno de nosotros se está conformando a algo o a alguien. Si no es a los antiguos deseos malvados, ¿entonces a qué es?

La palabra *conforméis* expresa la amonestación del apóstol de que los creyentes cristianos deben formarse de acuerdo a un patrón apropiado. «Cumplir con el patrón correcto» es lo que realmente estaba diciendo Pedro. En esencia, también estaba haciendo hincapié en un hecho muy importante: la naturaleza humana es maleable, no es fija e inmutable, como mucha gente parece creer. Quizás la arcilla sea la mejor ilustración para ayudarnos a comprender este principio bíblico.

La arcilla se puede moldear

La arcilla no es materia inerte. Es maleable; se le puede dar forma. Una vez que el alfarero ha moldeado la arcilla, le da la forma que él quiere y la deja a un lado para que se seque. Luego la hornea a fuego intenso, a veces también agregando un glaseado que también participa en el proceso de horneado.

Ese pedazo de arcilla, una vez maleable, ahora se consolida de forma permanente. Ya no está sujeta a cambios. Una vez que la arcilla se ha horneado y glaseado, la única forma en que se puede cambiar es destruyéndola. El objeto puede romperse y arruinarse, pero nunca podrá transformarse en algo más bello o útil porque nunca podrá recuperar su estado maleable.

El hecho de que el apóstol por medio del Espíritu Santo diga «no os conforméis» es una indicación de que el endurecimiento de nuestra naturaleza aún no ha ocurrido. Por dicha, estamos en un estado de maleabilidad con respecto al carácter moral.

Hay dos cosas que se le pueden decir a cualquier persona, ya sea un joven inocente o un criminal profesional en el corredor de la muerte esperando su destino por secuestro y asesinato. La primera es: «¡Puedes cambiar!». El segundo, que está relacionado, es este: «¡Aún no has sido terminado!».

Escuchamos mucho sobre personas endurecidas, pero debemos recordar que necesitamos modificadores si queremos llegar a la verdad. Cuando afirmamos que una persona está endurecida y desahuciada, estamos diciendo que en la medida en que podamos tener cualquier poder e influencia, la persona probablemente se encuentre en un estado que supere el cambio. Pero en realidad y en verdad, ¡nadie está más allá del cambio mientras esté vivo y consciente!

En muchos casos, la esperanza puede ser tenue, pero hay esperanza de cambio para todas las personas. Puede ser una vaga esperanza para el alcohólico que se permite solo unos pocos momentos de sobriedad para pensar seriamente, pero puede salvarse de la completa desesperación sabiendo que puede ser cambiado. Para el drogadicto en una miseria espantosa, que vendería su alma por una dosis para poder sobrevivir un día más, ese leve destello de esperanza es todo lo que puede evitar que se suicide.

Demos gracias a Dios por ese tipo de esperanza y la posibilidad de que surja un gran cambio, incluso para aquellos que probablemente serían descartados por nuestro propio juicio humano. Una y otra vez, la historia ha confirmado esta posibilidad. No hay pecadores en ninguna parte del mundo que se vean obligados a permanecer como están. Pueden estar luchando contra el pecado, tan profundamente enredados que se avergüencen de sí mismos. Pero el mero hecho de que se sientan avergonzados indica que existe un modelo al que pueden llegar todavía. Es esta esperanza de cambio lo que mantiene a la gente viva en la tierra.

El cambio aún es posible

El segundo rayo de esperanza es la perspectiva de que mientras haya vida, nadie está «acabado». Sea quien sea, esté donde esté, sea cual sea su edad, usted todavía no es un producto terminado. Todavía está en proceso.

Admitiré que es nuestra tendencia humana fijar ciertos puntos y considerarlos acabados. Tomemos como ejemplo el nacimiento humano. El obstetra, después de exclamar «¡Es un niño!» y encontrar al bebé sano, puede decir: «Ahora, en lo que a mí respecta, mi participación en el nacimiento de este bebé ha terminado». Ahí establece un punto terminal y se ocupa de sus otras preocupaciones.

En el lapso de los meses anteriores estuvo preocupado, quizás incluso ansioso. Pero ahora se ha llegado al punto final; un bebé sano y normal ha nacido en el mundo.

Sin embargo, la madre de ese bebé no comparte el punto de vista del médico. Sabe que acaba de dar a luz a una pequeña vida. Ella es consciente del largo proceso que queda por delante. Ha oído hablar de las enfermedades infantiles, las etapas del desarrollo. Conoce el proceso educativo que tiene por delante, desde el momento en que le enseñe a su bebé a hacer sus necesidades hasta que salga de la universidad con un título. Es una extensa secuencia de moldeamiento y modelaje.

Cuando ese hijo de ella obtenga su título universitario, probablemente ella y su esposo suspirarán de alivio y dirán: «¡Bueno, hemos logrado que nuestro hijo termine la universidad!». Los padres tienden a poner un punto ahí y decir: «Nuestra responsabilidad ha terminado. ¡Punto y fin!».

Sin embargo, sabemos que —para el propio graduado— eso no es tanto un final como un nuevo comienzo. Todavía quedan muchos cambios por venir; todavía está siendo moldeado y modelado.

Muchas madres dan un suspiro de alivio cuando su hijo de repente se pone serio, se instala, se casa, establece un hogar. Ese suspiro es realmente su forma de decirse a sí misma: «¡Ahora mis preocupaciones se acabaron!». Pero no todo el que se ha establecido ha acabado.

Los padres se sienten satisfechos cuando llega el éxito y su hijo se convierte en vicepresidente de una empresa, gana un salario extraordinario y conduce un coche caro. Sonríen y dicen: «Lo logró. Ya llegó. ¡Es un gran hombre de negocios!».

No es fácil para los padres ver más allá de este agradable «final».

Aún no es el final

Mas el hijo sigue avanzando. Llegará a la mediana edad cuando, como dijo el poeta, «las canas llegan y se riegan». Los padres comentan que su cabello canoso realmente le da un aspecto distinguido; no pueden concebir que las cosas vayan a cambiar realmente para él.

«Lo logró», es su consuelo. «Es un hombre de negocios corpulento y bien proporcionado, un ejecutivo. Juega golf. Caza en el otoño, pesca en la primavera y va a los juegos de béisbol en el verano; todas las cosas que hacen los hombres de negocios. No se preocupe por él. ¡Está listo!».

No obstante, es un ser humano y no está afianzado ni lo estará hasta que su alma abandone su cuerpo. Incluso como anciano a una edad avanzada, todavía va a cambiar de alguna manera. Es posible que la rapidez y el alcance del cambio no sean tan pronunciados pero, no obstante, hay cambios.

Es probable que alguien desee poder dialogar conmigo ahora mismo y decir: «Sí, todo eso es cierto en términos humanos, de una humanidad no regenerada. Pero conozco un punto final. Es el momento en que la persona se convierte a Cristo».

Estaré de acuerdo, parcialmente. Hay un punto en el que decimos con el poeta: «Ahora descansa mi corazón dividido mucho tiempo ha, fijo en este centro dichoso, ¡descansa!». Pero, ¿significa nuestra conversión a Cristo —y nuestra seguridad del perdón— que la maleabilidad de nuestra naturaleza se ha ido y que finalmente estamos «listos»? La respuesta, insisto, es «¡No!». Todavía somos maleables. Todavía estamos sujetos a ser cambiados y moldeados. Dios espera que crezcamos y nos desarrollemos hasta alcanzar la madurez y la semejanza a Cristo. Cuando Pedro escribió: «No os conforméis a los deseos que antes teníais estando en vuestra ignorancia» (1:14), estaba reconociendo que los cristianos todavía están en proceso de formación.

Me temo que hay muchos supuestos seguidores de Cristo que nunca han entendido que la vida cristiana es un proceso. Es probable que los obreros cristianos tengan la culpa. Trabajamos tan duro para que la gente se convierta que, una vez que eso sucede, nos inclinamos a ponerle punto final. Le decimos al converso: «Ahora, descanse, su corazón estuvo dividido por mucho tiempo».

La conversión no es el punto final

Hay una antigua canción cristiana muy hermosa, admirablemente verdadera, que habla de eso —de la conversión y el punto final— que me gusta y canto a menudo. Pero estoy seguro de que el escritor no pretendía insinuar que la conversión fuera el final de todo. Tampoco creo que sugiriera que el creyente, una vez convertido, ya no sea maleable. El hecho es que nos asegura que nuestra posición en Cristo se establece mediante un acto de fe, lo cual es absolutamente cierto. Pero en lo que se refiere a moldear y desarrollar, a crecimiento y alcance, todo ello comienza —en sentido espiritual— ¡después que nos convertimos!

Sospecho que a alguien más le gustaría hacer una objeción e insistir en que los cristianos no pueden conformarse a sí mismos. «Dios debe hacer el amoldamiento. Él es nuestro Padre celestial. Él debe realizar el moldeado, el cambio».

Permítame estar de acuerdo hasta aquí: ese es el ideal. Así *debe* ser. Si los creyentes pudieran entregarse absoluta y completamente desde el momento en que son salvos hasta el instante en que mueren, sin conocer nada más que las influencias de Dios y los poderes celestiales que operan dentro de ellos, entonces eso sería cierto. Pero incluso en el reino de Dios hay otros poderes, además de los divinos, que dan forma a las personas.

Déjeme ilustrarle. Digamos que hay un joven interesado en broncearse. Por eso, decide exponerse al sol, ya sea en la playa o en el patio de su casa. Ahora, ¿qué o quién está bronceando su piel? ¿De dónde viene el bronceado? ¿Qué tiene que ver el prójimo con esto?

Hay cierto sentido en el que el hombre mismo se está bronceando ya que, si hubiera permanecido con su camisa puesta, su piel no se hubiese bronceado. Pero hay un aspecto en el que el sol está haciendo el trabajo. El sol lo está bronceando, pero el tipo tuvo que tomar las medidas necesarias para cooperar con los rayos del sol.

Eso es exactamente a lo que nos referimos cuando decimos que nos «conformamos». Nos conformamos al exponernos a los poderes divinos que nos moldean. Un individuo puede usar su chaqueta y nunca broncearse, aunque el sol esté brillando en todo su esplendor. Así mismo, los cristianos podemos mantenernos ofuscados en nuestra propia terquedad y nunca recibir las gracias benéficas que se filtran desde el trono de Dios, donde Jesús está sentado como Mediador.

Sí, es posible que los cristianos pasen por la vida sin percibir muchos cambios. ¿Convertido? Sí. ¿Creyentes en Cristo? Sí. ¿Con la semilla de Dios en su interior? Sí. Pero esos creyentes son pueriles. En ellos no ha habido crecimiento, desarrollo, embellecimiento ni formación alguna debido a que se niegan a cooperar, a exponerse a los poderes divinos diseñados para dar forma a los creyentes.

La exposición también puede ser negativa

También debe considerarse lo opuesto a esta proposición. Es completamente posible que los creyentes se moldeen a sí mismos al exponerse al tipo incorrecto de influencias. Sospecho que eso está sucediendo en un grado que ciertamente debe entristecer a Dios.

¿Qué pasa con esos poderes que pueden moldearnos? Sabemos muy bien qué eran los antiguos poderes. Eran los «antiguos deseos» que teníamos cuando vivíamos «en la ignorancia». El apóstol Pablo nos recuerda sobriamente esos poderes en su carta a los Efesios:

> En otro tiempo ustedes estaban muertos en sus transgresiones y pecados, en los cuales andaban conforme a los poderes de este mundo. Se conducían según el que gobierna las tinieblas, según el espíritu que ahora ejerce su poder en los que viven en la desobediencia. En ese tiempo también todos nosotros vivíamos como ellos, impulsados por nuestros deseos pecaminosos, siguiendo nuestra propia voluntad y nuestros propósitos. Como los demás, éramos por naturaleza objeto de la ira de Dios (2:1-3)

Esas eran las fuerzas que contribuían a moldearnos en nuestro pasado. Pero ahora hemos venido al Salvador y en él hemos hallado un lugar de descanso. Por lo tanto, se nos anima a dejar atrás esas viejas influencias. No debemos exponernos más a ellas.

No obstante, surge otra pregunta. «¿Cómo puedo evitar ser moldeado por las influencias malignas? Todos los días estoy entre la gente de este mundo. Trabajo entre compañeros laborales vulgares, obscenos y malvados».

Mi respuesta es la siguiente: Si esa es su situación, debe dedicarse a buscar la voluntad de Dios para su vida. Usted puede evitar ser moldeado por las circunstancias así como la persona que toma el sol puede evitar ser bronceado por los rayos del mismo. Puede levantarse en fe y, por un acto de su voluntad, puede adoptar una posición firme contra esas influencias. Puede decirles: «¡Manténganse alejadas, influencias diabólicas, en el nombre de Jesús, mi Salvador! Dejen mi alma en paz. ¡Mi ser pertenece a Dios!».

Estos jóvenes han puesto al mundo de cabeza

Los jóvenes se ven acosados por el lenguaje sucio, la irreverencia, las enseñanzas sexuales de todo tipo, la promoción del uso de condones y toda clase de tentaciones en sus escuelas. Sé de jóvenes cristianos que han encontrado la manera de convertir esas cosas en bendiciones espirituales. Al escuchar una obscenidad, reaccionan instantáneamente con una compensación interna: «¡Oh, Dios!, me desagrada tanto ese tipo de conversación que quiero que hagas mi mente y mi hablar más limpio que nunca». Al ver un hábito perverso y dañino en los demás, pronuncian una oración silenciosa: «¡Oh, Dios, puedes resguardarme y protegerme de ese mal hábito!».

Es posible, incluso en este mundo sensual con su énfasis en la violencia y la inmoralidad, dirigir esas mismas influencias en dirección a la victoria prometida por Dios. En la Palabra de Dios se nos asegura que no tenemos que ceder a la atracción que nos arrastra al fondo cenagoso. Cuando veamos algo que sabemos que está mal y que, por lo tanto, no agrade a Dios, debemos reaccionar con una seguridad firme y decir: «Dios, con tu ayuda, seré diferente». En ese sentido, la sola visión del mal puede llevarnos más lejos en el reino de Dios.

Ahora bien, ¿qué podemos poner en práctica a partir de este enfoque? Comparto con ustedes algunos pensamientos muy simples sobre cosas básicas en nuestros días que tienen el poder de moldearnos, seamos cristianos o no. Estas son cosas cotidianas que tienen influencia en nuestras vidas, lo sepamos o no, lo creamos o no, nos guste o no.

¿Qué se puede decir sobre los libros y revistas que usted lee? Lo que lea le moldeará condicionando poco a poco su mente. Lentamente, aunque crea que se está resistiendo, irá tomando la forma de la mente del autor de ese libro que está en sus manos. Empezará a poner su énfasis donde él pone el suyo. Comenzará a poner sus valores donde esa persona coloca los suyos. Descubrirá que le gusta lo que a esa persona le gusta, pensando como ella piensa.

Ciertamente, lo mismo ocurre con el poder de las películas modernas. Si usted se entrega a su influencia, moldearán su mente y su moral. ¿Qué pasa con la música que usted disfruta? Parece casi demasiado tarde en estos tiempos para tratar de advertir contra lo que muchos en nuestra sociedad parecen deleitarse: el lenguaje vil, vicioso y obsceno de tanta música popular. No es exagerado insistir en que el tipo de música que disfruta mostrará con bastante precisión cómo es usted por dentro. Si se entrega a la música contemporánea que promueve las emociones más bajas, ella moldeará su mente, sus emociones, sus deseos, lo admita usted o no.

¿Y qué decir de los videojuegos que dominan la mente de la juventud induciendo a los jóvenes a introducirse, de manera muy sutil e ingenua en apariencia, en el perverso mundo de la maldad en toda su amplitud? Verdaderamente, este recurso es uno de los mejores medios que el diablo está usando para estremecer al mundo entero, promoviendo la violencia, la inmoralidad y toda perversidad entre los jóvenes con el fin de internarlos en lo más intrincado del pecado. ¿Qué puede haber moldeado el carácter de un joven que un día cualquiera sale de su casa armado hasta los dientes, con pistolas, rifles y hasta ametralladoras de última generación, para asesinar personas inocentes en escuelas y otros escenarios?

Otra influencia que afecta a hombres y mujeres de hoy, de todas las edades, son las redes sociales. Ese enmarañado mundo cibernético que está afectando la vida espiritual de tanta gente con instrumentos de todo tipo que abarcan la variedad de campos de acción del ser humano. La influencia es tal que un instrumento neutral, como lo es el internet, ha sido secuestrado prácticamente por las fuerzas del mal para esclavizar las mentes de los pecadores. Millones de sitios dedicados a la pornografía, la hechicería, la brujería y toda clase de actividad demoniaca están ahora al alcance de cualquier mortal en la intimidad de su hogar. El príncipe de este mundo opera a toda capacidad constantemente y sin cesar.

Una advertencia, como amigo

Usted puede beber veneno si quiere, pero sigo siendo lo suficientemente amigo suyo como para advertirle que, si lo hace, acabará muy bien ataviado en el interior de un ataúd. No puedo detenerle, pero puedo advertirle. No tengo la autoridad para indicarle lo que debe beber, lo que debe escuchar, lo que debe ver ni lo que debe disfrutar. Lo que sí tengo es la encomienda divina de decirle que, sea lo que sea, si no «desciende de lo alto», su vida interior se marchitará y morirá.

¿Qué pasa con esos placeres que usted disfruta? Si tuviera que empezar a catalogar algunos de sus pasatiempos, probablemente me interrumpiría y preguntaría: «¿Qué tiene esto de malo?». «¿Qué tiene de malo aquello?». Probablemente no haya una respuesta que lo satisfaga por completo. Pero esta es mi mejor respuesta: Concédale diez años —con el tipo incorrecto de indulgencia y una atmósfera cuestionable— a una persona y mire qué sucede con su vida espiritual.

Los placeres a los que nos entregamos de manera egoísta nos moldearán y formarán a lo largo de los años. Todo lo que nos da placer tiene un poder muy sutil para cambiarnos y esclavizarnos.

¿Cuáles son las grandes ambiciones que tiene para su vida? El sueño de lo que le gustaría ser seguramente influirá en usted y le dará forma a su carácter. También tenderá a determinar los lugares en los que pasa su tiempo. Estoy consciente de que no voy a tener mucho éxito en aconsejarle dónde debe y dónde no debe ir. De todos modos, si está en camino al cielo a través de la fe en el Hijo de Dios y el plan de salvación divino, debe tener cuidado con el tipo de lugares que frecuenta. Estos le darán forma y dejarán su huella en su espíritu y en su alma.

¿Qué clase de palabras dice usted? De todas las personas del mundo, creo que los estadounidenses deben ser los más descuidados con el lenguaje y la expresión. Por ejemplo, cualquier chiste típico es una exageración. Mark Twain popularizó la exageración y se ha convertido en una forma aceptada no solo de comedia sino también de comunicación entre los estadounidenses. ¿Ve usted su propio lenguaje? ¿Tiene cuidado con sus expresiones en vista de lo que podrían significar en pro de su testimonio cristiano?

¿Quiénes son sus amigos?

¿Quiénes son sus amigos? Es importante escoger y apreciar el tipo de amigos adecuado.

Valoro mucho la amistad. Podemos apreciarnos y honrarnos mutuamente con nuestra amistad, aunque cualquiera de nosotros seamos cristianos o no. Aun cuando es posible que algunas amistades sean hermosas y útiles, siempre he pensado que si uno quiere servir a Dios y esa amistad se interpone, hay que romper esa relación para seguir la voluntad de Dios. Pero nuestro Señor Jesús se refirió a eso en términos más claros y sin rodeos, mejor que lo que lo habría hecho yo. Nos dijo que para ser sus discípulos debemos tomar nuestra cruz y seguirlo. También dijo que habría casos en los que tendríamos que abandonar a aquellos que nos rechazaran, aunque fueran nuestros propios parientes y amigos cercanos. Jesucristo debe ser el primero en su corazón y en su mente. Él es quien le recuerda que la salvación de su alma es de suma importancia.

Mejor no tener amigos y ser un Elías, solo, que ser como Lot en Sodoma, rodeado de amigos que casi lo destruyen. Si le da su amistad al consejero impío y al burlador, le ha dado al enemigo la llave de su corazón. Ha abierto la puerta y la ciudad de su alma será arrasada y tomada.

Por último, ¿en qué tipo de pensamientos reflexiona usted? La mayoría de los asesinatos, robos, genocidios y otros actos malvados fueron precedidos por largas horas de meditación, planificación, deseos de venganza, ambiciones de obtener ganancias. Cualquier pensamiento sobre el que reflexione en sus noches, lo moldeará. Sus pensamientos pueden afectarle tanto que modifiquen su personalidad, para bien o para mal. El cambio no será para mejor a menos que sus pensamientos sean buenos.

«No os conforméis ... sed transformados»

A la luz de todas esas influencias, el apóstol Pablo apela a usted: «No os conforméis a este siglo, sino transformaos por medio de la renovación de vuestro entendimiento, para que comprobéis cuál sea la buena voluntad de Dios, agradable y perfecta» (Romanos 12:2 RVR60). Usted tiene un alma eterna. Tiene influencias que le moldearán. Dios le proporciona barro al alfarero y le dice: «¡Ahora, dale forma!». Dios le provee material al constructor y le indica: «¡Ahora, haz un templo digno!». Algún día le preguntará qué hizo con las fuerzas e influencias que llegaban a su vida diaria.

Confío en que, en ese último gran día del juicio final, no comparezca ante el tribunal de Cristo y confiese con vergüenza que permitió que cosas indignas moldearan su vida. Por tanto, ahora es el momento de ser transformados «por medio de la renovación de vuestro entendimiento, para que comprobéis cuál sea la buena voluntad de Dios, agradable y perfecta» (12:2).

«Así como el que le llamó es santo, así también sea santo en todo lo que haga».

CAPÍTULO 12

LA SEGUNDA VENIDA:

NUESTRA ESPERANZA BENDITA

Habiendo dicho esto, mientras ellos lo miraban, fue llevado a las alturas hasta que una nube lo ocultó de su vista. Ellos se quedaron mirando fijamente al cielo mientras él se alejaba. De repente, se les acercaron dos hombres vestidos de blanco, que les dijeron:

—Galileos, ¿qué hacen aquí mirando al cielo? Este mismo Jesús, que ha sido llevado de entre ustedes al cielo, vendrá otra vez de la misma manera que lo han visto irse.

—HECHOS 1:9-11

*E*ntre todas las religiones del mundo, solo el cristianismo puede proclamar las buenas nuevas de la Biblia acerca de que Dios, el Creador y Redentor, ¡traerá un nuevo orden a la existencia! De hecho, esa es la única buena noticia disponible hoy para una raza caída. Dios ha prometido un nuevo orden que será de duración eterna y estará infundido con vida imperecedera.

¡Qué asombroso!

Es la promesa divina de un nuevo orden que se basará en las cualidades exactamente opuestas a la plaga universal de la humanidad: la temporalidad y la mortalidad. Dios promete las cualidades de la perfección y la eternidad, virtudes que no se pueden encontrar en ninguna parte de esta tierra.

¡Qué perspectiva!

Se nos instruye que este nuevo orden, por mandato de Dios, finalmente se manifestará en un cielo nuevo y una tierra nueva. Se manifestará en una ciudad que ha de descender como una novia adornada para su esposo. Y será de duración eterna. No vendrá solo para irse de nuevo. No es temporal. Es un nuevo orden que vendrá para permanecer.

Dios en su revelación a la humanidad deja muy claro que el Cristo resucitado es la Cabeza de esta nueva creación y que su iglesia es el cuerpo. Es un cuadro simple: los creyentes individuales en Cristo resucitado son los miembros del cuerpo. Esto se revela tan claramente en la Biblia que cualquiera puede verlo y comprenderlo. La imagen completa está ahí para que la consideremos.

El primer Adán y el antiguo orden

El primer Adán, el viejo Adán, era la cabeza de todo en el antiguo orden. Cuando cayó, todo se vino abajo con él. Sé que hay algunas personas brillantes que argumentan en contra de la historicidad de la caída de la humanidad en Adán y Eva. Pero ningún individuo, por brillante, sabio y bien educado que sea, ha podido escapar a dos breves frases escritas en todas sus perspectivas por el gran Dios Todopoderoso. Esas dos frases son: «¡No puedes quedarte, debes irte!» y «No puedes vivir, debes morir».

Ningún ser humano, independientemente de su talento, posesiones y estatus, ha obtenido todavía una victoria definitiva sobre la sentencia universal de la temporalidad y la mortalidad. La temporalidad dice: «¡Debes irte!». La mortalidad dice: «¡Debes morir!».

Como es el hombre, así son sus obras. La misma plaga doble que descansa sobre nuestra raza caída y pecadora —temporalidad y mortalidad— yace sobre cada obra que realiza la humanidad.

La humanidad tiene muchas áreas de la vida y la cultura de las cuales se enorgullece. Durante mucho tiempo ha utilizado palabras como *belleza, nobleza, creatividad* y *genio* para describir esos esfuerzos. Pero por muy nobles que sean estas obras, por muy inspiradas que sean, por la genialidad que las caracterice, por la hermosura que las distinga y por lo creativas que sean, todas tienen estas dos frases escritas: «¡No puedes quedarte!» y «No puedes vivir». Dios les recuerda a los hombres y a las mujeres que cayeron lo siguiente: «¡Solo vinieron para irse y seguramente vinieron para morir!».

Todas y cada una de las cosas, sean un soneto o un discurso, un puente moderno o un gran canal, una pintura famosa o la novela más grandiosa del mundo, cada cosa tiene la marca gemela del juicio de Dios: la temporalidad y la mortalidad. Nadie puede permanecer. Todos están en proceso de morir. Todas las obras humanas comparten esa doble sentencia impuesta al hombre.

Sin embargo, un segundo Hombre, el nuevo y último Adán, vino a este mundo para traer la promesa de un orden nuevo y eterno para la creación de Dios. El Hijo del Hombre, Jesucristo, el Señor, vino y murió. Pero al levantarse de la tumba, vive para siempre para ser la Cabeza de la nueva creación.

La revelación de Dios indica que Jesucristo es el eterno vencedor, triunfante sobre el pecado y la muerte. Por eso es la Cabeza de la nueva creación que tiene sobre sí el estandarte de la eternidad más que el de la temporalidad y la marca de la vida para siempre, más que la marca de la muerte.

Aun así, la humanidad resiste

A lo largo de todo el devenir de la historia mundial, la humanidad ha sido totalmente incapaz de frustrar la realidad de la muerte y el juicio. Por lo tanto, parece increíble que hombres y mujeres orgullosos, tanto dentro como fuera de la iglesia, se nieguen a prestar atención al plan del victorioso proyecto eterno de Jesucristo.

La mayoría de las razones de la negligencia con que se consideran las promesas de Cristo son demasiado evidentes entre nosotros hoy. Por un lado, somos demasiado impacientes como para esperar las promesas de Dios. Consideramos las cosas a corto plazo. Nuestras vidas están rodeadas de mecanismos y artefactos que hacen las cosas al instante. Nos criaron con avena instantánea; hornos microondas; nos gusta, o al menos toleramos, el café instantáneo y de variados estilos y marcas; usamos camisas y blusas prácticamente desechables; tomamos fotos instantáneas con nuestros teléfonos inteligentes y equipamos a nuestros hijos con computadoras de última generación. Compramos ropa primaveral antes de que las hojas de otoño caigan al suelo. Si compramos un automóvil nuevo después del primero de julio, ya es un modelo antiguo cuando lo llevamos a casa. Si la conexión del celular —o la tableta— se tarda unos segundos, nos desesperamos. Siempre tenemos prisa. No podemos soportar esperar por nada.

Esta forma de vivir sin aliento genera naturalmente una mentalidad impaciente por la demora. De modo que cuando entramos en el reino de Dios a través de la experiencia de la salvación, traemos esa psicología de corto alcance con nosotros. Encontramos la profecía demasiado lenta para nuestra consideración. Nuestras primeras y radiantes expectativas pronto pierden su brillo. Entonces, es probable que preguntemos: «Señor, ¿vas a restaurar el reino a Israel en este momento?». Y si no hay una respuesta inmediata, nos inclinamos a concluir: «El Maestro está tardando mucho en llegar».

En efecto, algunas personas han tardado mucho en descubrir que la fe de Cristo no ofrece botones con los que se impulse un servicio rápido. El nuevo orden debe esperar el tiempo del Señor, lo cual es demasiado para la persona que tiene prisa. Así que el individuo se rinde y se dedica a otros intereses.

Además, pocas son las dudas de que la prosperidad prevaleciente de nuestra sociedad tenga mucho que ver con el desprecio generalizado hacia las promesas de Cristo en cuanto a que vendrá a la tierra nuevamente para intervenir en la historia humana. Si el rico entra en el reino de Dios con dificultad, entonces es lógico concluir que una sociedad que tenga el porcentaje más alto de personas acomodadas tendrá el porcentaje más bajo de cristianos, en igualdad de condiciones.

Predicación infructuosa, santos desprevenidos

Si el «engaño de las riquezas la ahogan [a la Palabra], de modo que esta no llega a dar fruto» (Mateo 13:22), entonces esta sería la época de la predicación casi infructuosa, al menos en el opulento hemisferio occidental. Y si la dureza del «corazón por el vicio, la embriaguez y las preocupaciones de esta vida» (Lucas 21:34) tienden a incapacitar al cristiano para la venida de Cristo, entonces esta generación de cristianos debería ser la menos preparada para ese acontecimiento.

En el continente norteamericano, el cristianismo se ha convertido casi en su totalidad en la religión de las prósperas clases media y media alta; los muy ricos y los muy pobres rara vez se convierten en cristianos practicantes. Esa conmovedora imagen del santo hambriento y mal vestido, con la Biblia bajo el brazo, la luz de Dios brillando en su rostro, cojeando dolorosamente hacia el edificio de la iglesia es en gran parte imaginaria.

Es probable que el problema más irritante que enfrentan los cristianos occidentales de hoy es dónde encontrar estacionamiento para sus relucientes automóviles que los transportan sin esfuerzo a la casa de Dios, donde esperan preparar sus almas para el mundo venidero. En los Estados Unidos y Canadá, la clase media de hoy posee más bienes terrenales y vive con mayor lujo que los emperadores y maharajás de hace solo un siglo.

Dado que la mayoría de los cristianos proviene de esa clase social, no es difícil ver por qué la expectativa genuina del regreso de Cristo casi ha desaparecido de entre nosotros. Sobre eso puede haber poca discusión. De hecho, es difícil centrar la atención en un mejor mundo venidero cuando difícilmente se puede imaginar uno más cómodo que este. Mientras la ciencia pueda hacernos sentir tan cómodos en este mundo presente, es ciertamente difícil trabajar con anhelo por un nuevo orden de cosas como la vida eterna, aunque sea Dios quien lo ha prometido.

Más allá de estas condiciones en la sociedad, sin embargo, yace el problema teológico. Demasiadas personas tienen una visión inadecuada de Jesucristo. La nuestra es la época en que Cristo ha sido más explicado, humanizado y degradado. Muchos cristianos profesantes ya no esperan que él marque el comienzo de un nuevo orden de cosas. No están del todo seguros de que pueda hacerlo; o si lo hace, será con la ayuda del arte, la educación, la ciencia y la tecnología, es decir, con la ayuda del hombre. Esa expectativa revisada equivale a desilusión para muchos. Y, por supuesto, nadie puede volverse radiantemente feliz por un Rey de reyes que ha sido despojado de su corona o un Señor de señores que ha perdido su soberanía.

Los maestros no se ponen de acuerdo

Otra faceta más del problema es la confusión continua entre los maestros de profecía, algunos de los cuales parecen profesar saber más que los profetas sobre los que enseñan. Esto puede ser en el ámbito de la historia, pero en las dos o tres primeras décadas del siglo veinte hubo un sentimiento entre los cristianos evangélicos de que el fin de la era estaba cerca. Había anticipación y esperanza de que pronto surgiera un nuevo orden de cosas. Este nuevo orden sería precedido por el regreso silencioso de Cristo a la tierra, no para quedarse, sino para resucitar a los justos a la inmortalidad y glorificar a los santos vivos en un abrir y cerrar de ojos. Él los llevaría a la cena de las bodas del Cordero, mientras que la tierra, entre tanto, se sumergía en su bautismo de fuego y sangre en la Gran Tribulación. Este período de tribulación sería relativamente breve y terminaría en forma dramática con la batalla de Armagedón y el regreso triunfal de Cristo con su Esposa, la Iglesia, para reinar durante mil años.

Permítame asegurarle que esos fervorosos cristianos tenían algo muy maravilloso que en gran parte falta hoy. Tenían una esperanza unificadora. Sus actividades estaban concentradas. Esperaban ganar. Hoy, nuestra esperanza cristiana ha sido sometida a tanto examen, análisis y revisión que nos avergüenza admitir que creemos que hay una sustancia genuina en la esperanza que abrigamos. Hoy en día, los cristianos profesantes están a la defensiva, tratando de probar cosas de las que una generación anterior nunca dudó. Hemos permitido que los incrédulos nos arrinconen. Incluso les hemos dado la ventaja al permitirles elegir el momento y el lugar del encuentro.

En la actualidad sufrimos el ataque del cristiano casi incrédulo, y la defensa nerviosa y tímida que hacemos se llama «diálogo religioso». Bajo el ataque desdeñoso del crítico religioso, los verdaderos cristianos, que deberían saberlo mejor, ahora están «reconsiderando» su fe. Lo peor de todo es que la adoración ha dado paso a la celebración en el lugar santo, si es que queda algún lugar santo para esta generación de cristianos confundidos.

Doctrina versus esperanza bienaventurada

En resumen, creo que debemos señalar que hay una gran diferencia entre la doctrina de la venida de Cristo y la esperanza de su venida. Seguramente es posible sostener la doctrina sin sentir un rastro de la bendita esperanza. De hecho, hay multitud de cristianos en la actualidad que sostienen la doctrina. En lo que he tratado de centrarme aquí es en esa abrumadora sensación de anticipación que eleva la vida a un nuevo plano y llena el corazón con un optimismo arrebatador. Esto falta en gran medida entre nosotros en estos tiempos.

En verdad, no sé si es posible o no recuperar el espíritu de anticipación que animó a la iglesia cristiana primitiva y alentó los corazones de los creyentes hace solo unas décadas. Ciertamente, disgustarse no traerá ese espíritu de vuelta, ni discutir sobre puntos menores de la profecía, ni condenar a los que no están de acuerdo con nosotros. Podemos hacer cualquiera o todas esas cosas sin despertar el espíritu deseado de gozosa expectativa. Esa esperanza unificadora, sanadora y purificadora es para los niños, los de corazón inocente, los poco sofisticados.

Permítame decirle, finalmente, que todos esos creyentes expectantes que vivieron en el pasado no se equivocaron del todo. Solo erraron en cuanto al tiempo. Vieron el triunfo de Cristo más cerca de lo que estaba y, por esa razón, no fue el momento adecuado. Pero su esperanza como tal era válida.

Muchos de nosotros, cuando nos hemos dirigido a una montaña, hemos tenido la experiencia de juzgar mal la distancia que hay hasta ella. Aunque la enorme masa montañosa que se alza ante el cielo parece estar muy cerca, es difícil persuadirnos de que no se aleja cuando avanzamos hacia ella. De igual modo, la ciudad de Dios parece tan grande, a las mentes de los cansados peregrinos del mundo, que a veces son víctimas inocentes de una ilusión óptica. Pueden sentirse más que un poco decepcionados cuando la gloria parece alejarse más a medida que se acercan. Pero la montaña está realmente ahí. Solo necesitan un esfuerzo más para alcanzarla.

Y la esperanza de estos peregrinos también es sustancial. Su juicio no siempre es demasiado agudo, pero no se equivocan a largo plazo. ¡Verán la gloria en el propio tiempo de Dios!

ACERCA DEL AUTOR

A.W. TOZER (1897-1963) fue un teólogo autodidacta
que recibió dos doctorados honorarios y pastoreó varias
iglesias, incluyendo la iglesia Southside Alliance en
Chicago por 31 años. Es el autor del clásico espiritual *La
búsqueda de Dios por el hombre, Mi búsqueda diaria,
Los atributos de Dios vol. 1 y 2*. Tozer y su esposa Ada,
tuvieron siete hijos, seis varones y una niña.

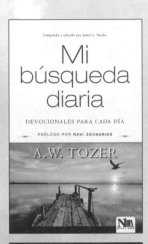
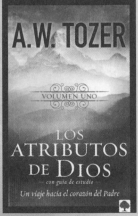
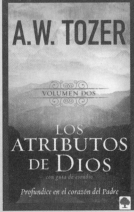
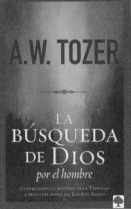

CASA CREACIÓN   N1 Editorial Nivel Uno

PRESENTAN:

Para vivir la Palabra

Te invitamos a que visites nuestra página web donde podrás apreciar la pasión por la publicación de libros y Biblias:

www.casacreacion.com

Para vivir la Palabra